¡CÓMO SABER SI ESTÁS VERDADERAMENTE Enamorado!

¡CÓMO SABER SI ESTÁS VERDADERAMENTE Enamorado!

Dawson McAllister

Quiero expresar un agradecimiento muy especial
a Todd Still, Anthony Kimbrough y Tim Altman.
Cada uno de ellos jugó una parte importantísima
en la creación de este libro.

Contenido

1

«Quiero ser amado»

NO, SEÑOR. NO ESTAMOS HABLANDO SIMPLE-
MENTE DE UNA CITA de ex compañeros. Estamos hablando de
algo de suma importancia. Estamos hablando del *amor*.

Sé que el amor es de suma importancia para los adolescentes de hoy en día porque ellos me lo han dicho. Mira
esta carta:

Querido Dawson:

**Ah, cómo anhelo ser amada. Ser amada, ¡eso es todo
lo que quiero! En realidad, no me importa nada más. Podrían quitarme todo lo demás y no me importaría. Si al menos alguien me amara.**

**¡Lo he oído muchas veces, y lo he leído en la Biblia,
que Jesús me ama, pero eso parece no significar nada para
mí! ¿Qué anda mal?**

**Pensé que usted entendería. No me entiendo a mí mis-
ma. ¿Por qué me siento así? Por favor, ¿me puede ayudar?
¡Quiero ser amada!**

Esta niña no está sola. Estudiantes en todas partes dicen: «Quiero ser amado». Cada semana recibo cartas y más
cartas de adolescentes de todo el país que quieren hablar
de A-M-O-R. Y eso es lo que vamos a hacer en este libro.

¿Qué es el amor?

La mayoría de los estudiantes quieren empezar aprendiendo qué es el amor verdadero. Pero nuestra sociedad hace que esto sea casi imposible.

Día tras día te abruman con falsa información sobre el amor y el sexo. Ves a los adultos abandonar sus matrimonios y familias. Todos los días descubres errores dolorosos que se cometen en las relaciones.

Por la publicidad y el entretenimiento logras aprender todo acerca del llamado «sexo seguro», pero casi nada acerca del verdadero cuidado y compromiso. Y oyes hablar de la responsabilidad, de cómo usar condones para practicar el sexo seguro. Todo esto me hace recordar un viejo rock titulado «What's Love Got to Do with it?» [¿Qué tiene que ver el amor con esto?].

No es de extrañar que los adolescentes estén confundidos. No es sorpresa que muchos luchen en cómo demostrar el amor y cómo ser amados.

Está bien, vamos a empezar desde el principio y lo vamos a clasificar todo. Veamos la palabra *amor*. Es posible que aquí sea donde se origina gran parte de la confusión, pues usamos esta palabra de modos muy diferentes. Por ejemplo, pensemos en todas las cosas que decimos que amamos:

«Amo el béisbol».

«Amo el pastel de manzana».

«Amo a mi madre».

«Amo a Dios».

«Amo nuestra cabaña en el lago».

«Amo a la bandera».

«Amo a mis amigos».

«Amo a mi novio (o novia)».

A menudos usamos la palabra *amor* cuando en realidad queremos decir: *me gusta, prefiero, disfruto* o simplemente *lo pasé bien con...* Sí, el camino hacia el amor verdadero está lleno de todo tipo de palabras y emociones confusas que quizás suenen como amor o sentir amor. Incluso nos pueden hacer creer que estamos enamorados. Pero las palabras y las emociones no son pruebas del amor verdadero, como lo veremos a medida que avancemos en este libro.

Muchas otras cosas causan confusión respecto al amor. Día tras día recibo correspondencia de estudiantes que, en verdad, luchan con esto. Aquí hay una carta de una joven que llamaré Sandy:

> Esta es la triste historia de dos muchachos y una joven confundida. Mi nombre es Sandy y tengo dieciocho años. Antes de seguir adelante, permítame decirle que soy cristiana.
>
> Hay un muchacho. Se llama Ricky. Hemos salido con cierta frecuencia durante dos años. Me ama y quiere que algún día nos casemos. Es cristiano, pero no me ayuda en mi andar con Dios. Desde que empezamos a salir, he cambiado mucho. Lo peor ha sido tener sexo con él. Sé que eso está mal y comprendía que eso iba a ser un gran error, como así fue. El problema mayor es que necesité dieciséis años y medio para encontrar a alguien que me amara de verdad y temo que si lo dejo ir, me va a llevar mucho tiempo encontrar a otro que me ame tanto.
>
> Por otro lado, está Robbie. Lo conocí hace apenas dos semanas. Participé en un viaje misionero con mi iglesia, y una de mis amigas también fue. Ella tiene un hermano que va a la universidad. Vino a visitarla durante dos días. Pues bien, una noche oraba que Dios me enviara un buen muchacho cristiano, y lo siguiente que supe fue que me estaba llevando de maravillas con el hermano de mi amiga. Al volver

a la universidad, me escribió una carta pidiéndome salir con él. Aunque salgo con Ricky, acepté.

No sé si Robbie sólo va a querer que seamos amigos o si querrá que tengamos una relación de enamorados. Como él vive a cuatrocientos ochenta y tres kilómetros, no creo que le interese una relación profunda. Ricky me ama y yo lo amo, pero desde que conocí a Robbie, no estoy tan segura. He comenzado a creer que quizás Robbie sea el hombre para mí. ¿Qué debo hacer?

Los latigazos emocionales

No necesitamos muchas más pruebas que la carta de Sandy para ver cuánto podemos confundirnos acerca del amor. A este tipo de aflicción la denomino latigazos emocionales. Así es como actúa: Primero, tropezamos con nuestras necesidades emocionales y físicas. Luego, aparece alguien que parece que llena esas necesidades, y eso nos hace sentir mejor. A continuación, comenzamos a decir que estamos enamorados. No tiene sentido, pero nos hace sentir bien, así es que lo empezamos a creer. Pero luego, descubrimos que estamos equivocados. Y nos damos cuenta que nadie, ningún otro ser humano, satisface realmente nuestras necesidades. Y eso duele.

Hace poco leí una historia sobre una «red de amor» de hombres y mujeres que tenían la esperanza de conocer a alguien especial a través del envío de mensajes por computadora. Una mujer de treinta y ocho años se había comunicado con regularidad con un amigo computarizado. Ella dijo que la hacía sentir única y especial. Pero luego agregó: «Cuando alguien nos dice que necesita escuchar, empezamos a preguntarnos si ha ocurrido algo mágico».

¡Qué barbaridad! ¡Esta mujer creyó que se había enamorado de un montón de mensajes de computadora! Piensa que algunas palabras en una pantalla pueden satisfacer todas sus necesidades. He aquí una mujer de treinta y ocho años que se ha vuelto irracional en cuanto a sus sentimientos. Ahora, trate de convencerme de que nuestra sociedad no ha convertido el amor en un concepto totalmente confuso.

Está bien. Todos los días la gente se equivoca con el amor. ¿Por qué tanto problema? Es parte de la vida.

La cuestión es que todos los días personas confundidas con el amor sufren y se confunden aún más. No estoy sermoneando. Este no es un problema teológico ni de seminario. En la búsqueda del amor, todos los días miles y miles de personas, muchas adolescentes, pierden la virginidad, quedan embarazadas y abortan. Y esto no termina ahí. Estos «errores» en el nombre del amor pueden conducir a un mayor dolor y culpa que lo que la mayoría de nosotros pueda imaginar.

La verdad

Demasiados estudiantes buscan con desesperación el amor verdadero, pero encuentran imitaciones baratas y destructivas. Demasiados estudiantes piensan que el amor es un sentimiento que viene y se va rápidamente. Muchos no entienden que Dios creó el amor.

Así que nuestra mejor oportunidad de hallar el amor verdadero es aprender de Dios cómo lo creó para que actúe. Si no lo hacemos así, terminaremos obteniendo una mala información.

Por ejemplo, tú tal vez creas que sentirte atraído físicamente a alguien es amor. Dices: «¡Qué físico!», o «¿Viste esa chica?» y crees que esa es la relación de tu vida.

Pero eso no es amor; son las hormonas.

Tal vez creas que si alguien te escucha y te entiende, es amor. Pero eso no es amor; es bondad.

16

Tal vez pienses que sentirte bien cuando estás con alguien es amor. Eso tampoco es amor, es atención.

Y tal vez creas que tener una relación sexual es amor, pero no lo es. Eso no es más que dos novatos prendiendo peligrosos fuegos artificiales.

Estas son algunas de las muchas formas en que la gente confunde el amor verdadero con otra cosa. La pura verdad es esta: Cuando no entiendes el amor verdadero, de la forma en que Dios quiere que se entienda, puedes confundirte, dañarte y llegar a sufrir consecuencias realmente dolorosas. Como ya dije, esto es de suma importancia.

Una vez vi en un partido de béisbol cuando un lanzador tiró un bola rápida a la cabeza del bateador. Este cayó al suelo, pero se levantó riendo. ¿Por qué se reía? Porque era un partido de estrellas. Los puntos no afectaban los resultados acumulados, así que a los jugadores no les importaba mucho. El lanzador tiró otras tres bolas rápidas, pero el bateador, asustado con el primer tiro, no se esforzó en batear las siguientes y no le dio a ninguna. Perdió, pero se fue riendo junto con el lanzador.

Es verdad, durante un juego de estrellas fue un momento gracioso, pero si se hubieran enfrentado durante una serie mundial, aquello no habría tenido nada de gracioso. Hubiera sido un asunto muy serio. Habría habido demasiado en juego como para reír.

Así es con eso llamado amor. A nadie le divierte perder. Aun así, todos queremos jugar. Todos deseamos ser amados. Todos nos encontramos clamando como lo hizo Sandy: «Por favor, ¿me puede ayudar? ¡Deseo ser amado!»

2

El amor verdadero: Las piezas de un rompecabezas

ASÍ QUE EL AMOR ES CONFUSO, Y LO QUE ESTÁ EN JUEGO ES grande. Y por supuesto, tomar las decisiones equivocadas en el amor puede ser doloroso y hasta destructivo. Pero he aquí lo que anima, lo realmente emocionante: Dios no quiere que nos confundamos acerca del amor. Si se lo permitimos, Él siempre nos indicará la dirección correcta. Recuerda, y nunca lo olvides, que Dios es el autor del amor.

Manejar nuestros deseos sexuales y aprender a relacionarnos con el sexo opuesto es uno de los temas más importantes en la vida. Dios lo entiende, y Él quiere que nos relacionemos con el sexo opuesto de manera emocionante y saludable.

Pero en esto erramos con más frecuencia: No entendemos lo que Dios dice acerca de su estilo de amor, así que por lo general lo interpretamos de una manera muy superficial.

Sin embargo, el amor de Dios es la clave para tener una vida valiosa. Es muy importante que Él quiere que lo demostremos en la manera en que tratamos a los que nos rodean.

Esto incluye a las personas con las que tienes citas.

Creados para relacionarnos

Cuando se trata de esta cosa loca llamada amor, no se me ocurre algo que nos aliente más que saber que Dios verdaderamente nos entiende. Él nos creó, ¿verdad? No hay nada que no sepa de nosotros. Sabe que nuestra mayor necesidad emocional es amar y ser amados. Dios nos ha creado para relacionarnos. Pero esas relaciones no satisfacen nuestras necesidades emocionales a menos que tengamos nuestras prioridades en orden.

Si nuestras prioridades siguen el plan divino, la relación principal en nuestras vidas será con Él. Eso quiere decir que la decisión mayor de nuestras vidas no va a ser con quién nos casaremos y amaremos para toda la vida, sino si aceptaremos el amor increíble que Dios nos ofrece a través de la relación con Jesucristo.

Quiero que leas una carta que recibí de una muchacha que, a través de una tragedia tremenda, aprendió acerca de la importancia de su relación de amor con Jesucristo:

Dawson:
   Estaba enredada en el juego de la vergüenza. Mi hermano quiso abusar de mí cuando yo tenía cuatro y cinco años. También mi primo mayor en las visitas de nuestras familias. Mis padres se divorciaron cuando yo tenía ocho. Papá se fue a un país extranjero durante casi siete años. Sentí que me había abandonado. En diez años, sólo lo he visto una vez al año por diez años.
   Salí con muchos muchachos e hice cosas bastante arriesgadas con la esperanza de encontrar el amor de un hombre que llenara el «hueco en mi alma». Pero Dios tenía su mano sobre mí y gracias a su delicada protección, mantuve mi

virginidad. Pero hice cosas que dejaron heridas profundas. Esto comenzó en séptimo grado.

Acepté a Cristo como mi Salvador cerca del final del séptimo grado, pero eso no me impidió arrojarme sobre los muchachos y hacer las mismas cosas. Eché sobre mí toda la condena y la culpa. Luego conocí a un amigo muy especial. Me amó como ningún otro me ha amado. Daba y daba porque sabía que lo que yo necesitaba era amor. Nunca pidió otra cosa que no fuera amistad y amor en Cristo. Era mi mejor amigo, la persona más cercana a mí, después de Cristo. Pero luego de salir durante un año, rompimos. Realmente pasamos algunos momentos difíciles, pero nunca pensé que lo perdería. Y aunque me dolió, sabía que era bueno estar lejos de él, pues necesitaba depender de Dios y no de mi novio.

Creía que ya todo andaba bien en cuanto a mis sentimientos hacia los hombres. Creía que había vencido el dolor, que se lo había dado a Cristo y que era cosa del pasado. Pero Satanás arañó abriendo esa herida cicatrizada. El mes pasado, el día de mi cumpleaños número dieciocho, mi maravilloso padrastro (al menos creía que era así) volvió a casa borracho. En ningún momento dijo: «Feliz cumpleaños».

Eso me forzó a recordar que los humanos me van a fallar. Dios es el único en quien puedo confiar de verdad. ¡Nunca me dejará!

De vez en cuando, el dolor sigue apareciendo con recuerdos y pensamientos del pasado. Pero Dios es mi mejor amigo y Él me ama. A veces me cuesta creerlo.

Gracias por tratar este tema en su programa radial. Esto me ayuda a seguir venciendo el dolor. Espero que cada muchacha se dé cuenta que el amor no viene al entregar su cuerpo. Y que a lo mejor los padres y hermanos tampoco nos amen. Pero Dios es el Padre que ama y Jesús es el hermano

que ama. Cristo nunca nos dejará. Es el único en el que se puede confiar.

Qué historia tan triste. He aquí una niña que ha sido usada y maltratada, y eso ocurrió en parte en nombre del amor. Pero ella sabe que eso no era el amor de Dios, ni algo que se le pareciera; ni tampoco se aproximaba al verdadero amor.

Ha pasado tiempos duros, pero ha aprendido de ellos y ha puesto su confianza en Dios. Y esa confianza ilumina todas las sombras que de otra manera la dejarían sin esperanza de un futuro feliz.

Una gran demanda

En 1 Corintios 13 el apóstol Pablo habla del amor de Dios, al que muchos llaman el «Capítulo del amor». Veamos algunos de los versículos que nos enseñan lo que el amor debe y lo que no debe hacer.

El amor es paciente, es bondadoso. El amor no es envidioso, jactancioso ni orgulloso. No se comporta con rudeza, no es egoísta, no se enoja con facilidad, no guarda rencor. El amor no se deleita en la maldad sino que se regocija con la verdad. Todo lo disculpa, todo lo cree, todo lo espera, todo lo soporta. El amor nunca se apaga.

1 Corintios 13.4-8, NVI

La demanda es grande. Dios sabe lo difícil que es. Él nunca dijo que sería fácil. Pero esa es la meta a la que hay que apuntar. Puede ser un espejo al que miramos para ver cómo se desarrollan nuestras relaciones.

Puede ayudarte a responder al tema central de este libro: ¿Cómo saber si estás realmente enamorado?

Dios ha sido claro al darnos lineamientos y principios que nos ayudan a tener relaciones buenas y agradables con el sexo opuesto. ¿Estás dispuesto a echar una mirada sincera a estos principios y emplearlos para medir tu relación con tu novio o tu novia actual y tus relaciones futuras?

Esto significa que en las citas con el sexo opuesto uno decide tratar a la otra persona con respeto y consideración. Significa optar por hacer lo que es mejor para la otra persona. Y significa que nunca tratarás a propósito de herir a la otra persona, ni ahora ni en el futuro. Ya ves, el amor es más que un sentimiento o una necesidad emocional. *El amor es un acto de la voluntad basado en el respeto y en el entendimiento hacia la otra persona.*

Espero que estés dispuesto a aplicar los requerimientos de Dios de esta manera, porque si es así, te encaminas a descubrir el verdadero amor de tu vida.

Pero primero quiero que entiendas algo. Saber cuando estás verdaderamente enamorado es como armar un rompecabezas. Así es como quiero que veas el resto de este libro. En cada uno de los capítulos que siguen quiero tratar una de las piezas del rompecabezas del amor. Utilizaremos esa pieza para aplicar los principios de Dios y para ayudarte a terminar la siguiente declaración: «Sabré que estoy desarrollando el tipo de relación de amor que Dios quiere cuando...»

Debes recordar que cada tema que tratamos es sólo una de las piezas del rompecabezas. El que te vaya bien en un capítulo no significa que estás involucrado en un tipo de relación sabe amor según el plan de Dios. Debes analizar el rompecabezas en su totalidad.

Y finalmente, recuerda este hecho tan importante: El rompecabezas del amor nunca está completo si Jesucristo no está en el centro. Puedes apostar a que así es. Cuando le entregas tu vida de pareja, sexual y amorosa a Dios, Él tomará el control y utilizará esas áreas de tu vida para conformarte más y más a la imagen de Jesús. Y nadie sabe más que Él del amor. Después de todo, Jesús vivió una vida de amor en toda la trayectoria hacia la cruz:

Este es mi mandamiento: Que os améis unos a otros, como yo os he amado. Nadie tiene mayor amor que este, que uno ponga su vida por sus amigos.

Juan 15.12-13

3

Confíale a Dios tu vida amorosa

*Uno sabe que desarrolla
el tipo de relación de amor
que Dios quiere cuando...
le entregue completamente
mis citas y mis planes futuros
de casamiento.*

NO HAY OTRO PUNTO DONDE EMPEZAR A HA-
BLAR de tus salidas y de tu vida amorosa, excepto en Dios.
Esto es básico, sin embargo, es donde muchos lo arruina-
mos cada día.

¿Por qué lo arruinamos? En parte por causa de las
emociones, una de las fuerzas más poderosas en la vida.
Nuestros sentimientos son reales, no sólo obra de nuestra
imaginación, y juegan una parte importante en la forma-
ción de nuestras vidas. Dios nos ha dado la composición
emocional, porque nos ama y quiere que disfrutemos nuestros sentimientos. Pero los sentimientos pueden ser enga-
ñosos y quizás nos causen problemas.

Por eso es que Dios quiere que seamos cuidadosos. Él
sabe que no podemos confiar en nuestros sentimientos. En
lugar de eso, debemos decidir seguir a Cristo y ser guiados
por el Espíritu Santo. Eso significa que debemos obedecer
las verdades de la Biblia sin importar cómo nos *sintamos*.
En Proverbios 4.23, leemos: **«Por sobre todo, guarda tus
sentimientos, porque ellos influyen en la totalidad de tu
vida»** (*La Biblia al día*).

El objetivo número uno de Dios

¡Es más fácil decirlo que hacerlo! Sólo con la ayuda de Dios podemos guardar nuestros pensamientos. Así que el objetivo principal de Dios para ti en todas tus relaciones amorosas es que le des a Él el control completo. Él quiere que le entregues todas tus citas y planes futuros de casamiento. Piensa en estas preguntas al considerar tus relaciones amorosas:

- ¿Está Dios en control de tus relaciones amorosas?

- Si es así, ¿cómo lo sabes?

- Si Dios no está en control de tus relaciones amorosas, ¿cómo cambiarían las cosas si lo estuviera?

Es fácil dejar que tus relaciones amorosas y tus sueños de matrimonio dominen tu vida. Pero cuando esto sucede, queda muy poco lugar, si es que queda algo, en tu vida para Dios y su dirección. Lo que a menudo los adolescentes no entienden es que es absolutamente imposible tener una relación amorosa y/o un matrimonio exitoso a menos que Jesucristo esté sentado en el asiento del conductor.

Por favor, no olvides esto: Cuando en una relación con el sexo opuesto vas más allá de donde vas en tu relación con Jesucristo, habrá conflicto. Te lo garantizo.

No te dejes engañar en esta área. El objetivo primordial en tu vida no debería ser tener buenas relaciones amorosas, sino amar a Dios con todo el corazón. Alguien dijo una vez: «Dios nos ha creado para Él, y nuestros corazones están inquietos hasta que encuentran quietud en Él». Fuimos creados para amar, alabar y disfrutar a Dios.

Él no quiere ser sólo una parte de tu vida, sino que quiere *ser* tu vida. Únicamente cuando confías en Cristo y sus caminos en todo lo que haces, tienes el enfoque correcto. Recuerda las palabras de Jesús:

**Mas buscad primeramente el reino de Dios
y su justicia, y todas estas cosas os serán añadidas.**

Mateo 6.33

Llena el vacío de tu corazón

Dios nos ha creado con necesidades emocionales y espirituales profundas. Lamentablemente, el ser humano tiende a tratar y a satisfacer estas necesidades con cosas o con otras personas, tales como un novio o una novia. Pero las personas con las que sales nunca saciarán tus necesidades más profundas. El Señor es el único que puede llenar el vacío en tu corazón.

Hace poco recibí una carta de un muchacho que intentaba llenar sus necesidades con su novia en vez de con Dios. Por fortuna, su novia era una cristiana sabia. Trataba de ayudarlo a aprender la lección de que sólo Dios puede ser Dios. Nosotros no podemos hacer su trabajo por Él. Oigan lo que dijo Ron:

**Son las dos de la mañana y acabo de colgar el teléfono
después de una conversación con mi novia. Ella es la que
me ayudó a aceptar al Señor en mi corazón.
Me sorprendió cuando me dijo que debería dejar de
idolatrarla. Después de despedirnos, me di cuenta que de
alguna manera eso era lo que estaba haciendo.
Me llevó a darme cuenta de que primero debo pensar
en mi relación con Dios antes que en mi relación con ella.**

Ron aprendió lo que todos debemos aprender: Aunque la persona con la que sales es magnífica, es un dios falso. Nunca se planeó que los humanos ocuparan el lugar de Dios en tu vida.

Nunca deberías esperar que otra persona haga por ti lo que sólo Jesucristo puede hacer. Tu pareja puede ser maravillosa, pero nunca te dará vida espiritual. Esa vida viene solamente de una relación personal con Jesucristo.

La Biblia nos dice:

Y en ningún otro hay salvación; porque no hay otro nombre bajo el cielo, dado a los hombres, en que podamos ser salvos.

Hechos 4.12

Así que Jesús es todo lo que necesitas. «No hay problema», dices. «Puedo arreglármelas». Y luego, como la trapecista que va a lanzarse de la plataforma y confiar en que su compañero sincronizará sus movimientos para agarrarla en el aire, empiezas a dudar. «¿Estás seguro?», te preguntas. «¿Estás total y absolutamente seguro?»

Óyeme, nadie dijo que esto de confiar en Dios era coser y cantar. Cuando comienzas a creer que Dios no va a darte la pareja adecuada para las citas amorosas ni para el matrimonio, es fácil caer en un estado de pánico. Algunos adolescentes temen que Dios se olvide completamente de ellos.

Nunca te podrás librar por completo de aquellos temores hasta que con sinceridad hagas la siguiente oración: *Dios mío, pongo toda mi confianza en ti y estoy dispuesto, si lo deseas, a pasar el resto de mi vida sin el privilegio de tener una relación amorosa ni de matrimonio.*

¡Ay! Eso cuesta. Pero debemos hacerlo. Tenemos que creer en lo que la Biblia nos dice en Romanos 8.28:

Y sabemos que a los que aman a Dios, todas las cosas les ayudan a bien, esto es, a los que conforme a su propósito son llamados.

Así que recuerda: Dios está de tu parte. Él quiere que seas feliz y estés contento. Si desea que tengas relaciones amorosas, y lo más probable es que lo desee, Él quiere que las disfrutes. Uno de mis versículos favoritos es Jeremías 29.11; creo que es uno de los pasajes más alentadores de toda la Biblia. En él, Dios nos da esta buena noticia:

Porque yo sé los pensamientos que tengo acerca de vosotros, dice Jehová, pensamientos de paz, y no de mal, para daros el fin que esperáis.

¡Qué emoción! Dios tiene planes para ti y eso incluye tus relaciones amorosas. Y aquellos planes se realizarán a la perfección cuando le des el control de toda tu vida, inclusive de tu vida amorosa, a Aquel que la planeó.

Una imagen distorsionada de la realidad

Pero aun cuando sabemos lo que tenemos que hacer, no siempre le damos el control a Dios.

Uno de nuestros mayores problemas es el ORGULLO. El orgullo es una actitud que pone demasiado énfasis en uno mismo. Nos hace creer que somos mejores que otros. Nos hace sentir arrogantes con Dios, como si no lo necesitáramos. Y el orgullo evita que amemos como Dios quiere que lo hagamos.

Dios odia al orgullo. Proverbios 16.18-19 dice así:

Antes del quebrantamiento es la soberbia, Y antes de la caída la altivez de espíritu. Mejor

**es humillar el espíritu con los humildes que
repartir despojos con los soberbios.**

Quizás el problema más grande que crea el orgullo es
una imagen distorsionada de la realidad. Las personas con
demasiado orgullo tienden a creer que el mundo gira alrededor de ellas. Creen que el mundo y todos los que en él
viven les deben algo. Empiezan a creer que son mucho
más importantes de lo que son en realidad.

Cuando actuamos así con nuestros amigos, nos llaman
presumidos y arrogantes. Pero actuar así con Dios es simplemente una necedad. Los orgullosos no entienden cuán
dependientes son de Dios. Han olvidado que todo lo que
son y todo lo que tienen es un don de Él. Separados de
Dios no tenemos nada, no *somos* nada.

Servicio, sacrificio y amor

Al terminar el capítulo 2, mostré cómo Jesús es el ejemplo perfecto del amor verdadero. Cuando vivió en la tierra, fue siempre humilde. Nunca arrogante. Por cierto,
dejó el cielo (y recuerda que ese es el lugar con las calles de
oro, mansiones lujosas y Dios mismo) para venir a la tierra
y morir en la cruz por nosotros, los pecadores. Como cristianos debemos seguir el ejemplo de Jesús de servicio, sacrificio y amor, aun en nuestras relaciones amorosas.

Lee Filipenses 2.5-8:

**Haya pues, en vosotros este sentir que hubo
también en Cristo Jesús, el cual, siendo en forma
de Dios, no estimó el ser igual a Dios como cosa
a que aferrarse, sino que se despojó a sí mismo,
tomando forma de siervo, hecho semejante a los
hombres; y estando en la condición de hombre,**

**se humilló a sí mismo, haciéndose obediente
hasta la muerte, y muerte de cruz.**

Cuando Cristo fue crucificado, enfrentó la verdadera prueba, la más grande de todas. En esa cruz, el amor de Cristo y su compasión se vieron frente a frente con la enfermedad del pecado y el odio. Pero aun ahí, Jesús nos siguió amando humilde y voluntariamente.

Deberíamos seguir su ejemplo. Debemos fijarnos en Él y no en otros, incluyendo a nuestros novios y novias. Esto es lo que dice la Biblia en Hebreos 12.2, que debemos hacer:

**Puestos los ojos en Jesús, el autor y
consumador de la fe, el cual por el gozo puesto
delante de Él sufrió la cruz, menospreciando el
oprobio, y se sentó a la diestra del trono de Dios.**

Enfrenta los tiempos difíciles

Ninguno sufriremos jamás lo que sufrió Jesús en la cruz. Pero tendrán tiempos y relaciones difíciles, especialmente al comienzo de una relación amorosa. Estos tiempos difíciles probarán tu capacidad de amar a la manera de Dios.

No será fácil. Es algo en lo que tendrás que esforzarte toda la vida. Todos debemos esforzarnos en esto. Para tener éxito, debemos depender de Dios para que nos ayude a tener su amor. Él debe ser el centro de nuestras vidas, incluyendo las relaciones amorosas. Y una pieza del rompecabezas amoroso que no puede excluirse es la decisión de confiarle completamente a Dios nuestra vida amorosa.

¿Lo has hecho tú?

4

Relación amorosa dentro de la voluntad de Dios

*Uno sabe que desarrolla
el tipo de relación de amor
que Dios quiere cuando...
salgo con alguien
dentro de la voluntad de Dios.*

ESTA GUÍA PARA LAS RELACIONES AMOROSAS DEBE SER TAN FÁCIL y simple como 2 + 2 = 4. En términos básicos, si tú eres cristiano, Dios no quiere que salgas con alguien que no lo sea.

Pero no te bases sólo en mi palabra. Toma la Palabra de Dios según 2 Corintios 6.14-15:

> **No os unáis en yugo desigual con los incrédulos; porque ¿qué compañerismo tiene la justicia con la injusticia? ¿Y qué comunión la luz con las tinieblas? ¿Y qué concordia Cristo con Belial? ¿O qué parte el creyente con el incrédulo?**

Tal vez ya hayas formado tu propia opinión respecto de si deberías o no salir con incrédulos. Tal vez creas que es correcto. O tal vez dices: «No es nada serio. Nos gusta pasar un rato juntos. Nunca nos enamoraremos».

No me vengas con eso. Ese razonamiento no sirve, y a Dios no lo vas a convencer.

Una pieza complicada del rompecabezas del amor

Debido a su gran amor por nosotros, Dios quiere que centremos nuestra atención y energía en amarlo a Él. (Hablamos de esto en los capítulos anteriores.) Así, deberíamos tener claro que Dios quiere que nuestras relaciones amorosas nos ayuden a concentrarnos en Él, en lugar de en otra cosa o persona. Dios es completamente sabio; Él sabe que un incrédulo nos distraerá de prestarle atención a Él.

Pero sé que esta regla de que los cristianos no deben salir con incrédulos es algo con lo cual los adolescentes se enfrentan cada día. Es una pieza complicada del rompecabezas del amor.

¿Cómo lo sé? Porque hablo con los estudiantes y recibo cartas y preguntas acerca de este principio a cada momento. Tengo un programa radial llamado: *¡DAWSON McALLISTER LIVE! [¡Dawson McAllister en vivo!], donde los estudiantes me llaman y hablamos en vivo. El tema de uno de mis programas recientes era el mismo de este libro: ¿Cómo saber si estás verdaderamente enamorado? Imagínate cuál fue la primera pregunta. Lo adivinaste. Una chica cristiana llamó para preguntar acerca de salir con un muchacho inconverso.*

Cuando le pregunté (llamémosla Megan) por qué pensaba que estaba enamorada, respondió:

—Porque me agrada estar con él. Sólo eso.

—¿Es cristiano? —le pregunté.

—No, es budista —me dijo.

—*¡Ajá!* ¡No sigas!

No necesitaba saber nada más acerca de ese tipo, quienquiera que fuera. Ya tenía toda la información necesaria para darle la respuesta apropiada a Megan. A continuación se encuentra mi respuesta:

No quiero entrar en una gran discusión ni en un debate contigo, pero no es la voluntad de Dios que salgas ni que te cases con él. Así que, Megan, cualquiera sea la emoción que tengas, no es de Dios.

El único que puede darnos el consejo de Dios acerca del amor es Dios mismo, porque Dios *es* amor. Y Él dice que no debes unirte con los que no son cristianos; estos son frases verdaderas de la Palabra de Dios, del consejo de Dios.

Una de las pruebas mayores para nuestra vida cristiana, y creo que una de las más importantes en tu vida ahora, es si vas a escuchar el consejo de Dios acerca del amor y con quién salir o no, o si sólo vas a seguir tus emociones.

No puedes decir: «Sé que es la voluntad de Dios que salga o me case con alguien sabiendo que no es cristiano». Porque ese no es amor verdadero. Esas pueden ser tus emociones, todas confusas, pero no es amor.

Megan entonces me contó de un amigo (¡qué amigo que tenía!) que la animó a abandonar su fe cristiana para convertirse en budista, tal como su enamorado.

—¡No vale la pena! —le dije—. Creo que no es la voluntad de Dios que salgas con ese muchacho, lisa y llanamente. Si de todos modos sales con él, no importa cuánto, estás fuera de la voluntad de Dios. Como decíamos antes, yo no me calentaría mucho las manos en ese fuego...

Así que mi pronóstico para ti, Megan, es que la decisión más importante que puedas tomar, y que afectará tu relación con Dios más que cualquiera otra cosa en la escuela secundaria o inclusive en la universidad, es qué hacer con este muchacho.

Es una gran decisión, ¿verdad? Pero es fácil saber qué hacer, pues Dios dice que debes terminar con eso. Este es el momento en que debes demostrar cuánto amas a Dios.

No sé si Megan siguió el consejo divino y cortó con su enamorado. No sé si su relación con Cristo Jesús ocupa el centro de su atención. Pero sí sé esto: El estilo de vida de una persona no cristiana es radicalmente diferente al de un cristiano (siempre y cuando el cristiano viva como Dios quiere).

Opiniones encontradas acerca del amor

Nada de esto significa que condeno a los incrédulos. Lo que esto quiere decir es que el concepto del amor para el cristiano es completamente diferente al concepto del amor para el incrédulo. La idea cristiana se basa en la Biblia, la que dice que el verdadero amor viene de Dios porque Dios es amor.

Veamos 1 Juan 4.7-8:

Amados, amémonos unos a otros; porque el amor es de Dios. Todo aquel que ama, es nacido de Dios, y conoce a Dios. El que no ama, no ha conocido a Dios; porque Dios es amor.

El inconverso no tiene una relación personal con Cristo Jesús, entonces, ¿cómo puede esa persona amarte con la clase de amor de Dios? Si alguien no conoce a Dios, no tiene el amor de Dios. Y sin el amor de Dios, esa persona no tiene el poder para amarte como Él quiere que te ame. Vosotros no podéis, es absolutamente imposible, estar en una relación de amor dentro del plan de Dios.

Avancemos un paso más y veamos lo que Dios dice respecto a los incrédulos y cuál es su énfasis.

Porque nosotros también éramos en otro tiempo insensatos, rebeldes, extraviados, esclavos de concupiscencias y deleites diversos, viviendo en malicia y envidia, aborrecibles, y aborreciéndonos unos a otros.

Tito 3.3

Este versículo describe el corazón y la mente de los que no son cristianos. Los llama insensatos. Los llama desobedientes. Los define como esclavos de todo tipo de placeres carnales. (Esto incluye los sexuales y cualquier otra cosa que nos aleje de Dios.) Finalmente, dice que tienen un estilo de vida de malicia, de envidia y de odio. En otras palabras, nunca están contentos con lo que tienen y están convencidos de que todos los demás tienen algo que ellos mismos se merecen. ¡No es el tipo de persona con la que quieres pasar el resto de tu vida!

Es increíble que a pesar de las advertencias tan claras en la Palabra de Dios, demasiados adolescentes (como Megan) todavía desean experimentar. Quieren probar la Palabra de Dios y arriesgarse a salir con un incrédulo. No parecen entender que cuando uno pasa mucho tiempo con una persona, se forma una sociedad emocional. Es un vínculo muy fuerte, y casi siempre lleva a un deseo muy grande de agradar al otro aceptando o imitando su acciones, pensamientos y respuestas.

Los valores de los incrédulos en lo que se refiere al noviazgo, al sexo y a la vida en general no se basan en la verdad bíblica. Y los que no son cristianos no tienen el poder de Cristo que les ayude a ejercer el autocontrol. Esto significa que es más probable que un enamorado incrédulo te lleve a un plano de tentaciones sexuales difíciles (como si alguna fuera fácil).

Sé que algunos creen que hacen una «obra de noviazgo misionero». (O sea, cuando un cristiano sale con un incrédulo creyendo que lo puede llevar a conocer a Cristo.) Ni lo pienses. Olvídate de eso. ¿No crees que Dios es lo suficiente grande, poderoso y amoroso como para usar otro método para atraer a tal persona? Te garantizo que lo es. También te puedo garantizar que Dios nunca se contradice y que nunca te va a pedir que violes su Palabra, como en el caso de estar en una relación de pareja con un incrédulo para que se dé algo bueno. En la mayoría de los noviazgos misioneros, el cristiano termina abandonando el compromiso con Cristo para evitar la pérdida de la relación. Esto no da resultados.

Recibí una carta de una joven que lo intentó. Era una cristiana muy consagrada cuando empezó a salir con un muchacho incrédulo. Creía que podría hacerlo venir a la iglesia y que finalmente él se convertiría a Cristo. Nunca ocurrió.

Lo que ocurrió, en cambio, fue que ella se sintió más y más atraída hacia él, no solo física, sino también emocionalmente. Estaba formando el vínculo emocional del que hablé. Se estaba mezclando. Comenzó a creer que él estaba llenando una necesidad en su vida que no había sido satisfecha antes. Pero muy en lo profundo de su ser, esta joven sabía que no debía unirse a ese muchacho. Sabía lo que la Palabra de Dios dice al respecto.

Tenía que tomar una decisión, la misma que enfrentó Megan. Debía elegir entre obedecer a Dios y romper con su enamorado o pasar por alto a Dios y meterse más y más en su «nuevo amor». En vez de romper con él, me escribió una carta, esperando que le dijera que todo iba a salir bien.

Si quería una excusa, ¡le escribió a la persona equivocada! Le dije que elegía a su enamorado por encima de Dios. Le dije que iba a tomar una decisión equivocada. Ojalá supiera lo que pasó, pero no lo sé. Nunca volví a oír de ella.

Cuando echas a un lado la advertencia de Dios y te comprometes con un incrédulo, dices que Dios no puede satisfacer tu necesidad de amor y aceptación. Así que decides «jugar a Dios».

Había una canción en la década de los ochenta que decía: «¿Cómo puede ser malo si la sensación es tan buena?» ¡Esas sí que son palabras peligrosas! Nos llevan a creer en nuestros sentimientos, aunque la Biblia nos diga lo contrario. Cuando nos dejamos arrastrar por nuestros sentimientos, abandonamos el autocontrol. Pero esto es lo peor: Los que no son cristianos también tienen necesidades, pero no pueden pedirle a Dios que se ocupe de ellas. Y no pueden ir a Dios para que Él les dé el autocontrol que necesitan para decir «no» al sexo. Así que cuando un cristiano sale con un no cristiano, el resultado es dos personas que pasan mucho tiempo juntas y ninguna de las dos ejerce el autocontrol. Esa es una fórmula para el desastre.

No juegues con Dios

No trates de jugar con esta pieza del rompecabezas. No trates de jugar con Dios. Una relación amorosa entre un cristiano y un incrédulo no se basa en el verdadero amor. No puede estarlo.

Tienes que llegar al punto de creer que Dios te ama y que satisfará tus necesidades más profundas. Debes creerle, completa y totalmente. Debes dejar que Él sea Dios. Debes dejar de intentar ser tu propio dios. Confía en que Él te dará lo que es mejor para ti en el momento preciso.

Recuerda, si eres cristiano, debes obedecer el consejo de Dios. En el caso de relaciones amorosas con incrédulos, su consejo es claro y no deberías burlarte de Él. Jesús dijo:

¿Por qué me llamáis, Señor, Señor, y no hacéis lo que digo?

Lucas 6.46

¿Estás haciendo lo que dice Dios en esta área de tu vida amorosa? Si no, quiero dejar que otro estudiante te dé un poco de aliento. Esta es una carta que me escribió una muchacha a la que llamaremos Linda, que lidió con el asunto de salir con un incrédulo para luego, con la ayuda de Dios, hacer lo que había que hacer.

Querido Dawson:

Fui a su conferencia sobre las relaciones amorosas y la adolescencia. Ahora, finalmente he roto con mi enamorado. Fue el paso más difícil de toda mi vida.

Lo hice esta mañana, luego de meses de darle la espalda a Dios. He crecido en un sólido hogar cristiano y hace ocho años que soy cristiana. Me enamoré de un muchacho incrédulo, buen mozo, que tiene una personalidad maravillosa.

Durante seis meses le di a él y a Satanás el control de mi vida.

Siempre supe que nuestra relación era pecaminosa, pero lo negaba. He aprendido mucho en los últimos seis meses acerca de lo que Dios hará en tu vida si le das la espalda.

Poco a poco aprendí que la relación andaba mal y, por último, después de muchos meses de dejarlo convencerme a hacer cosas con él, casi tuvimos sexo. Le dije no, pero él

siguió diciendo que el sexo prematrimonial no es indebido. En dos oportunidades, casi me convence. Pero finalmente corté con él de una vez y por todas.

En realidad, su conferencia me ayudó después de meses de terquedad. Ahora Dios está al mando de mi vida de nuevo. Sus palabras de sabiduría durante la conferencia siguen resonando en mi mente. Nunca más voy a dejar que el amor joven e inocente controle mi vida. Dios me enseñó una lección y me la enseñó bien.

Cuando rompí con mi enamorado, le expliqué que eso era lo que Dios quería que hiciera. Como él no era cristiano, no lo entendió.

Ahora sé que nunca debo huir de Dios. ¡Sólo consigues meterte en problemas peores!

5

Decisiones correctas

*Uno sabe que desarrolla
el tipo de relación de amor
que Dios quiere cuando...
salga nada más con cristianos
que crecen espiritualmente.*

EN EL CAPÍTULO ANTERIOR HABLAMOS DE LO
IMPORTANTE QUE ES salir únicamente con cristianos y evitar las relaciones amorosas con un incrédulo. Tenemos ahora otra pieza de nuestro rompecabezas del amor que encaja al lado de la otra: Los cristianos deben salir nada más con otros cristianos que tratan de seguir a Dios a diario, y que están completamente interesados en parecerse cada vez más a Jesucristo.

El dilema está en cómo diferenciar a un cristiano que crece en la fe del que lo es solamente de nombre. He aquí una pauta: Algunas personas dicen ser cristianas, pero no se comportan como tales. Por lo tanto, observa la manera de ser de un enamorado potencial antes de salir con él.

Dios quiere que evites relacionarte con cristianos que tienen un estilo de vida de desobediencia continua. La razón es muy clara: Casi no hay diferencia entre salir con alguien que no es cristiano, que con un cristiano que no anda con Dios. Varios de los problemas de salir con un incrédulo, mencionados en el capítulo anterior, ocurren también al salir con un cristiano de nombre.

Una situación peligrosa

La gente que dice ser cristiana, pero vive en desobediencia con Dios, probablemente no va a obedecer los mandamientos del Señor en lo que se refiere al sexo. Asimismo, como no andan con Dios, tal vez tengan poco autocontrol. Si pones estas dos cosas juntas (la desobediencia a los mandamientos de Dios y la falta de autocontrol), tienes una situación sexual peligrosa en una cita amorosa.

Una de las cosas más importantes que la Biblia nos motiva a hacer es pasar tiempo con otros cristianos. Dios sabe que salir con cristianos, los que caminan cerca de Dios, puede ayudar a vencer la tentación sexual.

En 2 Timoteo 2.22, Dios nos recuerda cuál es el tipo de personas con las que deberíamos estar:

**Huye también de las pasiones juveniles, y
sigue la justicia, la fe, el amor y la paz, con los
que de corazón limpio invocan al Señor.**

Cristo quiere que pases la mayor parte del tiempo con quienes realmente quieren conocer a Dios. Como sus prioridades son similares a las tuyas, será más fácil ayudarse mutuamente a mantenerse alejados de la lascivia.

¿Te acuerdas del rey David? Tenía debilidades, pero también tenía un punto fuerte que debes buscar en aquellos con los que sales. Él decidió que buscar a Dios era la prioridad suprema de su vida. Habló de ello en el Salmo 27.4:

**Una cosa he demandado a Jehová, ésta
buscaré; Que esté yo en la casa de Jehová todos
los días de mi vida, Para contemplar la hermosura
de Jehová, y para inquirir en su templo.**

Cristianos con este tipo de actitud son el tipo de pareja que Dios quiere que tengas. El problema es que muchos que dicen ser cristianos no viven como tales. A lo mejor se aparecen por la iglesia para oír lo que dice la Palabra de Dios, pero cuando se retiran, no se llevan el mensaje. Al pensar en una pareja, fíjate si está a la altura del desafío que encontramos en Santiago 1.22:

Pero sed hacedores de la palabra, y no tan solamente oidores, engañándoos a vosotros mismos.

¿Dice tu pareja solamente ser cristiana, o hace lo que la Biblia dice?

Cualquier cristiano que trata de obedecer a Dios en su vida diaria tendrá a Cristo como su fundamento. Las relaciones de pareja no son nada diferentes. Una relación amorosa que honra a Dios y que tiene su aprobación tendrá a Cristo en el centro. Las relaciones fundamentadas en cualquier otra cosa que no sea Cristo, son tambaleantes y sospechosas.

¿Qué pasa contigo?

Paremos y cambiemos el rumbo. Hasta aquí, el capítulo se ha ocupado de la condición espiritual de tu pareja potencial. Ahora quiero que pienses en ti por un momento. No importa cuán fuerte seas espiritualmente, tú sabes lo difícil que resulta vivir como Dios quiere. Habrá momentos en que te enfrentarás con grandes tentaciones y a veces vas a caer.

Una pareja cristiana fuerte te ayudará a encauzarte y te ayudará a protegerte de tus debilidades. Mira lo que dice la Biblia sobre dos personas que se ocupan de alcanzar el mismo objetivo:

> **Mejores son dos que uno; porque tienen
> mejor paga de su trabajo. Porque si cayeren, el
> uno levantará a su compañero.**
>
> **Eclesiastés 4.9-10a**

Dios recibe honra cuando dos personas enamoradas se ayudan mutuamente a acercarse a Dios. Por el contrario, no hay nada bueno en un gran cristiano que se deje arrastrar al pecado por una pareja que no tiene un andar serio con Dios.

En el capítulo anterior hablamos de la necedad, la desobediencia y la envidia del que no tiene a Cristo. Vimos que ellos se interesan en todo lo malo. Ahora veamos lo que nos dice la Biblia respecto a lo que debería ser el centro de *nuestros* pensamientos:

> **Por último, hermanos, pensad en todo lo
> verdadero, en todo lo que es digno de respeto,
> en todo lo recto, en todo lo puro, en todo lo
> agradable, en todo lo que tiene buena fama.
> Pensad en todo lo que es bueno y merece
> alabanza.**
>
> **Filipenses 4.8
> (*Dios habla hoy*)**

Una de las mejores maneras de tomar una buena decisión acerca de con quién saldrás es asegurándote que tu mente pase el examen de Filipenses 4.8. Veamos algunas de las palabras que emplea este versículo para describir una vida mental piadosa y consideremos cómo las mismas se relacionan con tus pensamientos acerca de la relación de amor.

Pensamiento verdadero significa comparar todo lo que ves con como Dios dice que son las cosas.

Pensamiento recto significa decidir hacer lo correcto sin importar el costo.

Pensamiento puro significa preocupación por la reputación de la otra persona, más que por la propia.

Pensamiento bueno significa centrar la atención en lo que es constructivo y saludable.

Adoptar la línea de pensamiento de Filipenses 4.8 muestra que Cristo está en control de tu vida. Esto es algo que debes procurar en tu pareja.

Ten en cuenta esto: Los pensamientos se convierten rápidamente en acciones. Si tú, o tu pareja, no centras los *pensamientos* en lo que es verdadero, digno de respeto, recto, puro y bueno, puede ser que pronto lamentes tus *acciones*.

Permíteme sintetizarlo lo más claramente posible: Busca una pareja que sea fuerte en Cristo. Y cualquier cosa que hagas, no comprometas tus normas sólo para conseguir una cita. No vale la pena.

¿Es esta la persona ideal para ti?

A continuación hay algunas preguntas que puedes hacerte sobre tu pareja actual o futura. Las respuestas, si respondes con sinceridad, pueden ayudarte a decidir si la persona en cuestión es el tipo que Dios quiere para ti. No busques perfección porque nunca la encontrarás. Pero ten en cuenta que Dios espera que fijes las normas y las respetes.

- ¿Me escucha y respeta mi pareja mi punto de vista?
- ¿Me hace exigencias irracionales?

- ¿Es amable conmigo y sensible a mis sentimientos?
- ¿Es una buena influencia para tener una vida sexual pura?
- ¿Cómo trata mi pareja a sus padres?
- ¿Busca activamente a Dios para conocerlo mejor?
- ¿Me habla acerca de cosas espirituales?
- ¿Me habla acerca de cómo quiere que encaje en los planes de Dios?

A continuación se encuentra parte de una carta recibida de una joven que llamaremos Laura, una muchacha que aprendió la importancia de enamorarse de un cristiano y cuán doloroso es cuando no lo hace:

Hace alrededor de un mes mi enamorado rompió conmigo. Los dos tenemos dieciséis años. Él dijo que su papá se lo estaba exigiendo porque la relación era demasiado seria. Es verdad, la cosa estaba un poquito seria. Pasábamos demasiado tiempo a solas.

Esa semana lloré todos los días alrededor de dos o tres horas. No podía hacer mis deberes. No me podía concentrar. Estaba muy deprimida.

Por lo que he oído, él intentó romper conmigo un par de meses antes. Pasaba cada vez menos tiempo conmigo y cada vez más tiempo con sus amigos. Veía venir esto, pero no creí que sería tan malo.

Él es cristiano, pero no muy consagrado. Yo lo soy, pero le permití que se interpusiera entre el Señor y yo.

Mirando en retrospectiva, romper fue bueno porque los dos hubiéramos sufrido más si esto hubiera sucedido más tarde. Teníamos demasiado contacto físico, pero aunque nunca tuvimos sexo, íbamos a hacerlo. Nos hubiera afectado mucho. Al principio éramos amigos. Después se convirtió en una muy buena relación. Pero después de seis meses se transformó en una relación sencillamente física. Entonces fue cuando se desbarrancó.

Me dejó muy dolida la forma en que me trató después de haber roto. Ya no quiero tener más enamorados, no quiero volver a amar. Ahora, lo que quiero para su vida y para la mía es que nos acerquemos más a Dios y disfrutemos de una relación profunda con Él.

Por favor, no dejes que la historia de Laura sea la tuya. Busca una pareja que esté firme en Dios. Cuando lo hagas, estarás un paso más cerca de tener el amor de Dios.

6

¿Estás dispuesto a esperar el amor verdadero?

Uno sabe que desarrolla el tipo de relación de amor que Dios quiere cuando... esté dispuesto a esperar.

NO SÉ TÚ, PERO DETESTO ESPERAR. No creo que haya alguien que le guste. Es difícil esperar algo cuando todo prácticamente en nuestra vida es «rápido» e «instantáneo».

Tenemos comida rápida, arroz al minuto y café instantáneo. Tenemos filas rápidas en el banco y en el almacén. Incluso poseemos llamada en espera en nuestros teléfonos (realmente no espera nada, pues el propósito es ayudarnos a evitar que atendamos cada llamada en el momento que entra).

El problema de vivir en un mundo instantáneo es que podemos llegar a encontrarnos queriendo tener también amor instantáneo. No queremos esperar. Pero la espera es uno de los métodos de Dios para protegernos de las malas decisiones.

Necesito que oigas esto claramente: En el amor no existe nada instantáneo. Y no hay nada más importante en una relación de amor que la paciencia.

En el capítulo 2 vimos varios versículos de 1 Corintios 13, el «Capítulo del amor». El pasaje comienza con una descripción de lo que es el amor. La primera característica señalada es la paciencia: «El amor es paciente». (Ten en mente que el amor descrito en 1 Corintios 13 se refiere a la manera en que deben relacionarse los cristianos entre sí. Abarca el amor romántico, pero es mucho más que eso.)

La trampa del apuro

Antes de comprometerte o casarte (si tienes suerte), tú y tu pareja encontraréis cosas en el otro que son menos que perfectas. En el matrimonio, el amor paciente significa que decides amar y comprometerte con tu pareja para toda la vida a pesar de sus «imperfecciones». Créeme, esto es algo muy importante. No importa cuánto tiempo dos personas hayan estado casadas o cuán enamoradas estén, ambas tendrán que practicar una dosis grande de amor paciente para que el matrimonio mantenga la vitalidad.

Pero el amor paciente también juega un papel importante en una relación amorosa. Desde el primer momento en que conoces a una pareja potencial, necesitas ejercer amor paciente. ¿Cómo? Comprometiéndote a proteger su reputación y dignidad sin importar que tus sentimientos te tienten a avanzar un poco más. Si no, quizás te encuentres preso en la trampa del apuro.

La trampa del apuro es un agujero gigante que a menudo cavan los jóvenes que transitan el sendero del romance con el sexo opuesto. Así es como sucede: Primero, cuando estás con esa persona, te dejas llevar por los buenos sentimientos y emociones apasionantes. Todo parece ser «tan bueno» que pierdes la objetividad.

Demasiadas personas permiten que esto suceda en las decisiones cruciales que pueden llegar a afectar grandemente el resto de sus vidas. Llevados por sus sentimientos, hacen decisiones equivocadas tales como tener relaciones sexuales antes de casarse, un compromiso demasiado rápido o a un matrimonio prematuro. Entonces, descubren demasiado tarde que no estaban enamorados.

No se me ocurre algo más doloroso que ver aquello que alguien creía que era amor tornarse en una desilusión, luego dolor y finalmente cicatrices. Muy a menudo el «amor instantáneo» engendra un niño inocente que tendrá que sobrellevar el dolor de los errores de los padres para toda su vida.

¿Cómo sé que la trampa del apuro es peligrosa? Porque vosotros me lo habéis dicho en las cartas y en las conferencias y en mi programa radial. Es más, hace muy poco llamó al programa un muchacho que llamaremos Chris. Él cayó en la trampa del apuro.

Me dijo que comenzó a salir con una muchacha que tenía otro enamorado. La conoció en un baile, según dijo, y se veían a intervalos durante los últimos dos meses. Hasta que un día, ella le dijo que estaba embarazada de otro muchacho.

Chris, quien tenía dieciocho años, dijo que su embarazo no le preocupó mucho pues estaba «profundamente enamorado de ella».

Mi primer comentario a Chris fue: «Más vale que lo pienses con detenimiento». Así fue como se desarrolló el resto de la conversación:

Chris: Bueno, no nos vamos a casar en seguida, vamos a tratar de vivir juntos por un tiempo.

Dawson: ¡Alto, alto, alto... Espera un momento! Comencemos de nuevo. Antes que todo, tú no querrás vivir con ella porque si lo haces, desobedecerás a Dios por no haberte casado y por no

haber hecho los votos matrimoniales.
En segundo lugar... emocionalmente
creerás estar casado porque dormirás
con ella. Y luego, cuando rompas, será
igual que un divorcio. El problema es
que ella nunca tuvo tu compromiso.
Eso es de por vida.
No quiero ser un aguafiestas, pero
tampoco quiero verte cometiendo
tantos errores.
¿Conoces al Señor, Chris?

Chris: Sí, señor.

Dawson: Bueno, si realmente conoces a Cristo, tú
sabes que a Dios no le interesa que la
gente viva junta sin estar casada.

Chris: Sí, lo sé, pero vamos a comprometernos.

Dawson: Correcto, pero el compromiso se hace
cuando aún no viven juntos. Lo que
necesitas, el mejor amigo que tienes, es
tiempo... Las emociones de esa joven
andan de un lado para el otro. Quiero
que sepas que sus glándulas están por
las nubes debido a ese bebé. Ni sabe lo
que piensa. Tiene a ese otro muchacho
que la dejó embarazada y ni está segura
de lo que siente por él. Se entregó toda
por él. Ahora tú ingresas al cuadro y
ella está confundida. Esa muchacha
necesita tranquilizarse. Y tú también lo
necesitas, dale tiempo, más y más

tiempo. No dejes que tus glándulas se crean que es amor, y no permitas que las necesidades emocionales de otra persona y tu afán por cubrirlas te hagan creer que es amor. Dale tiempo.

Chris va a tener muchos problemas si no reduce la velocidad. Necesita tiempo para pensar con objetividad acerca de su pareja. En este momento, está dejando que sus emociones tomen las grandes decisiones. En lugar de eso, debería dar un paso atrás y buscar los planes de Dios para su vida.

Amor versus apasionamiento

Veamos por un momento esta situación en perspectiva. Debido a que Dios nos ama, nos ha dado en su Palabra algunas pautas para ayudarnos a entender la diferencia entre el amor genuino y lo que parece ser amor (apasionamiento).

El apasionamiento es el lado impulsivo, emocional, del amor. Se basa en un conocimiento parcial de la otra persona, pero no es el verdadero amor porque no ha enfrentado las pruebas del tiempo y las circunstancias difíciles. Aunque el apasionamiento no es el amor verdadero, muchas veces se entiende como tal. Piensa en todos los anuncios, los programas de televisión, las películas y las canciones populares que sugieren que el amor no es nada más que apasionamiento.

No te confundas; todos hemos estado allí. Es común apasionarse al principio de una nueva relación y no hay nada malo en eso. No puedes comer, no puedes dormir y no puedes dejar de pensar en esa persona. Sin embargo, no importa cuán increíble o dolorosamente maravilloso pueda ser, no es una idea muy brillante que te dejes controlar por el apasionamiento.

En los ojos del mundo, el amor es un *sentimiento* intenso que inunda a dos personas que fueron «hechas la una para la otra». ¿Ves el problema que se presenta con esto? Con el apasionamiento, las emociones son el factor en control; la base de la relación es lo que *siente* uno por el otro. Luego, cuando los sentimientos cambian (y créeme que cambiarán), ya no están enamorados. Así que tienen que encontrar una manera de hacer que la sensación de amor vuelva. Tal vez traten de besarse más, tocarse más o quizás lleguen hasta el final. Pero si no lo logran, a menudo la amistad termina con dolores profundos y lamentos.

El apasionamiento dice que el amor es ciego. Pero eso es locura. El amor *no* es ciego. La persona que ciegamente niega los errores de la otra persona se deja llevar por el apasionamiento. Recuerda que el amor de Dios no es ciego. Si lo fuera, Jesús nunca habría muerto en la cruz por nuestros pecados, porque Dios no hubiera visto nuestros pecados.

El amor verdadero, genuino, la clase de amor de Dios, ve con realismo las debilidades de la otra persona. Acepta a esa persona, sin juzgarla. La clase de amor de Dios evalúa a la persona *cuidadosamente*. Aunque este tipo de amor puede empezar con apasionamiento, nunca se queda ahí.

Como contrapartida, el apasionamiento descontrolado llevará muy rápido una relación al romance para que las sensaciones intensas sigan vivas. Cuando te apasionas por alguien, tienes mucha prisa por cosas tales como:

Seguridad: Garantía de que la otra persona no te dejará.

Aceptación: Ser amado tal como eres.

Afecto: Un sentimiento excitante de intimidad, generalmente ligado a alguna forma de actividad sexual.

Aventura: Un deseo de buscar y disfrutar nuevas experiencias en conjunto, para que no se gaste lo viejo.

Todo lo anterior son subproductos de una relación saludable, del tipo de amor de Dios, pero son raras cuando una relación se basa en el apasionamiento. En cierta medida, estas características las encontramos en relaciones de noviazgo, pero deberían ser cuidadosamente custodiadas y reservadas hasta que el vínculo del matrimonio te libere para explorarlas más a fondo juntos.

El apasionamiento descontrolado es egoísta. Siempre está más interesado en lo que la relación produce (¿qué ganaré?) que en mostrar amor verdadero (¿qué puedo dar?). Los apasionados dirán y harán casi cualquier cosa para mantener vivos los sentimientos adictivos, intensos y románticos. Es como sacar las flores de un árbol frutal. Son lindas, tienen aroma; pero en el momento en que uno las corta, se mueren. Lo peor de todo es que el árbol nunca producirá fruto verdadero sin esas flores. Eso es exactamente lo que ocurre cuando una relación amorosa la controla el apasionamiento en vez de la paciencia piadosa.

Algunos dirán que existe el amor a primera vista. Olvídalo, no es posible. Puede ser que a primera vista haya una atracción fuerte. Incluso quizás tengas la sensación de que «esa es la persona ideal para mí». Pero no trates de convencerte de que lo que sientes es amor. Amor no es algo que te sobreviene como la gripe. El amor es como un huerto. Crece lentamente y requiere mucho cuidado y nutrición. El amor verdadero, el amor genuino, la clase de amor de Dios, va a costarte tiempo, tiempo y más tiempo. Así es que debes ser paciente.

Recuerda que todos somos expertos en esconder aspectos de nosotros que no creemos que a la otra persona le van a gustar. Por eso, descubrir el verdadero carácter de la persona con la que sales es un proceso que no debes apresurar. Si te sientes enamorado, recuerda tomarlo con calma porque el tiempo es tu aliado.

Muestra amor paciente

Antes de terminar este capítulo, hablemos un poquito más acerca de cómo podemos aprender a mostrar amor paciente.

No hay modo de que podamos amar con amor paciente, como Dios quiere, por nosotros mismos. Tenemos que obtener ayuda de Él. Su amor es perfectamente paciente. Jesús es nuestro modelo de paciencia. En 1 Pedro se nos dice que debemos imitar el ejemplo de Jesús.

> **Para esto fuisteis llamados; porque también Cristo padeció por nosotros, dejándonos ejemplo, para que sigáis sus pisadas; el cual no hizo pecado, ni se halló engaño en su boca; quien cuando le maldecían, no respondía con maldición; cuando padecía, no amenazaba, sino encomendaba la causa al que juzga justamente.**
>
> **1 Pedro 2.21-23**

Cuando a Jesús lo colgaron en la cruz por nuestros pecados, la gente lo insultó duramente. Él podría haberse bajado de la cruz en ese momento. Tenía el poder para hacerlo. Pudo haber tomado la justicia con sus manos y los podría haber destruido al instante. Pero en lugar de eso, decidió sacrificar su derecho a la venganza, su dignidad y su vida. Su amor por Dios y por nosotros fue increíble y abrumadoramente paciente. Se comprometió a seguir el plan de Dios para nuestra salvación, sin importar el costo. ¿Por qué? Porque tenía plena confianza en que Dios lo cuidaría.

Dios nos ha dado esa misma promesa. Él nos cuidará. Eso significa que también cuidará de nuestras relaciones amorosas. La única duda es si le daremos tiempo para hacerlo.

¿Vas a ser paciente? ¿Vas a permanecer alejado de la trampa del apuro? ¿Vas a esperar en Dios? Si lo haces, te prometo que Él no te desamparará.

7

El amor y la amistad crecen juntos

*Uno sabe que desarrolla
el tipo de relación de amor
que Dios quiere cuando...
uno de mis mejores amigos
es alguien con quien salgo.*

MUCHOS ESTUDIANTES ESTÁN CONVENCIDOS DE QUE EN ALGÚN LUGAR se encuentra esa persona especial. Se atascan en lo que llamo el «síndrome de este o aquel», que se enuncia así: «Lo que me motiva a salir es descubrir a esa persona especial. No tengo tiempo para una relación que no evolucione rápidamente hacia una relación más firme. Si mi pareja y yo no sentimos algo especial pronto, me voy».

Lo problemático en esta actitud es que nos hace perder las oportunidades de forjar grandes amistades que nos acompañarán mucho más allá, cuando la mayoría de los romances se hayan convertido en recuerdos lejanos.

La Biblia tiene mucho que decir sobre la importancia de los buenos amigos. Proverbios 17.17 nos dice:

> **En todo tiempo ama el amigo, Y es como un hermano en tiempo de angustia.**

El síndrome de este o aquel es un ladrón que puede robarte algunas amistades tremendas, amistades que quizás llenen mucho más de lo que la mayoría se da cuenta. Si no estás dispuesto a salir en una cita sólo para divertirte, tal vez estés atrapado en este síndrome.

En vez de dedicar todas las ocasiones de salir con alguien como una oportunidad de hallar «la persona ideal», tranquilízate un poquito. Puede ser que Dios tenga otras oportunidades reservadas para ti. Quizás quieras usar tus relaciones de amistad para ayudarte a aprender cosas de ti y del sexo opuesto que todavía no conoces, cosas que te preparen mejor para cuando te encuentres con una persona especial.

Si tu amistad con un miembro del sexo opuesto se convierte en una relación romántica, está bien. Agradécele a Dios. Pero si esta relación se profundiza en el terreno de la amistad, aún sales ganando. Nunca oí a alguien decir: «He conseguido demasiados amigos que me aman y me aceptan por lo que soy».

Este es el punto: Quedar atrapado en el síndrome de este o aquel es una pérdida de tiempo. Si dedicas tus energías a hacer que tus amigos se sientan queridos, tal vez Dios te sorprenda algún día al convertir a un amigo especial en una relación de amor.

Las bendiciones de la amistad

Hace un tiempo, traté el tema de las amistades espirituales en uno de mis programas de radio. Invité a los estudiantes a que llamaran y hablaran de un amigo especial que les había ayudado a caminar con Cristo. Uno de las llamadas fue de una chica de Tennessee de diecinueve años, a quien llamaremos Karen. A continuación transcribo una parte de lo que dijo:

> Primero fuimos amigos. Empezó como una relación puramente de amistad. Pero después de un tiempo, de repente nos dimos cuenta que había algo más entre nosotros.

No se me ocurrió que estaba enamorada del muchacho hasta que un día hablamos del amor en la Escuela Dominical. Estábamos estudiando 1 Corintios 13.

Me di cuenta que era una definición perfecta del amor entre nosotros. Fue magnífico. Y él me ama de la misma manera.

Lo mejor de todo es que planean casarse el año que viene.

Siempre me gusta cuando la gente me dice que su relación empezó con amistad. Significa que cuanto más aprendieron el uno del otro, más se quisieron. Su amor se basa en el conocimiento verdadero y la aceptación del uno por el otro, no en la pasión.

A veces, en el principio de una relación, lo único que hay es pasión. Y eso es peligroso. Cuando dos lanzallamas se juntan, la relación raramente sobrevive al fuego. Y muy a menudo, alguien se quema.

Así es que tomaré la amistad como un punto de partida cualquier día de la semana. Al final, la pasión vendrá sola.

El plan supremo de Dios

Dios ha creado la vida de tal manera que todos necesitamos amigos. Y Él quiere que tengamos amistades saludables con ambos sexos. Pero a veces tenemos tanto interés en conseguirnos una buena cita, que nos perdemos una gran amistad.

Olvidamos que:

- la vida no es fácil y que necesitamos la ayuda de amigos.

74

- los amigos nos ayudan a crecer espiritualmente.
- los amigos generalmente nos animan cuando más lo necesitamos.

La meta suprema de Dios para cada cristiano *no* es ayudarnos a encontrar a alguien con quien salir en una cita, enamorarnos y casarnos. Su meta suprema es ayudarnos a ser más parecidos a Cristo. Las relaciones son herramientas en las manos de Dios para alcanzar nuestro crecimiento espiritual. Dios nos da oportunidades de amistad con ambos sexos para ayudarnos a crecer de muchas maneras:

- Aprender más de nosotros.
- Descubrir nuestros puntos fuertes y débiles.
- Entender los conceptos de la amabilidad y la generosidad.

Necesitamos las amistades para ser el tipo de persona que Dios quiere que seamos. La Biblia nos dice:

Hierro con hierro se aguza; Y así el hombre aguza el rostro de su amigo.

Proverbios 27.17

Dios ha hecho los sexos masculino y femenino diferentes. (¿En serio, Dawson? ¿Cómo te diste cuenta?) Por eso: Los hombres y las mujeres tienen puntos de vista diferentes en muchas áreas, y tenemos mucho que aprender los unos de los otros. Por ejemplo, hablando en términos generales, las mujeres son mucho más sensibles y creativas mientras que los hombres pueden ayudar a las mujeres a ser más racionales y seguras. Si las muchachas pasan tiempo con buenos muchachos y los muchachos con buenas muchachas, ambos crecerán. Las citas entre amigos son oportunidades divinas para el crecimiento emocional, social y espiritual.

Algo más. Todos tenemos ciertas necesidades y Dios utiliza infinidad de vías para ayudarnos a satisfacer esas necesidades. Las citas te dan una oportunidad de convertirte en asociado de Dios para satisfacer las necesidades de la otra persona.

Entonces, el asunto principal es: nunca separes la amistad de las salidas. Necesitas ser amigo de las personas con las que sales y debes salir con los que son tus amigos. Si haces eso, tus relaciones en las salidas van a ser más puras, más divertidas y de mayor éxito.

Donna llamó a mi programa hace un tiempo para hablar de lo que considera importante en la relación amorosa.

> Mi enamorado y yo hemos estado saliendo
> durante casi cuatro años y lo más importante en
> nuestra relación es que nos animamos. Nos alentamos el uno al otro en el Señor y creo que es algo
> que debe existir en una relación de amor.

Tiene razón. El apoyo siempre surge de un amistad. Así que no ahuyentes a los amigos por la locura de encontrar alguien con quien salir el viernes por la noche. Cuando la cita se te olvide, los amigos seguirán siendo amigos.

8

Di la verdad

*Uno sabe que desarrolla
el tipo de relación de amor
que Dios quiere cuando...
la persona con quien estoy
saliendo y yo podemos decirnos
mutuamente la verdad.*

Esta es la pieza de la comunicación en
nuestro rompecabezas del amor. Hablamos de la sinceridad. Hablamos de expresar cualquier pensamiento o sentimiento que haga la relación más parecida a Cristo.

No me refiero a charlas superficiales. Es fácil hablar
con los muchachos de deportes y de automóviles y de las
muchachas y de los deberes. Pero cuando empezamos a hablar de cosas serias, de lo que está por debajo de la superfi-
cie (las cosas que mantenemos bajo llave que realmente
importan), no siempre es tan fácil.

La comunicación profunda, sincera, no se da con facilidad. Piensa en lo difícil que es hablar con tus padres de
ciertos temas. Piensa en lo difícil que es hablar con tu mejor amigo sobre cómo te causó dolor. Piensa en lo difícil
que es hablar con el pastor de los jóvenes cuando tienes un
problema espiritual.

Cuando los temas son personales o emocionales puede ser aún más difícil. Obviamente, la mayoría de las relaciones amorosas son personales o emocionales. Sin
embargo, esto es lo que hace que la comunicación directa y
sincera sea aún más importante.

Verdad versus maldad

Veamos otra de las características del amor de Dios según 1 Corintios 13. El versículo 6 nos dice que el amor:

No se goza de la injusticia, mas se goza de la verdad.

Esta verdad tiene dos partes. Primero, la positiva: La verdad hace feliz al amor. *Verdad* aquí no significa que le puedes decir a alguien que no te gusta su peinado, ni que sus zapatos son estrafalarios, ni que tiene mal aliento. Verdad significa las cosas importantes de la vida y de Dios que nos ayuda a ser mejores cristianos.

Por ejemplo, si la forma en que una chica se viste causa problemas de lascivia a su enamorado, él debería pedirle que cambie su estilo para que la relación no se tuerza debido a las hormonas. O si un muchacho piensa llevar a su enamorada a un parque oscuro para ver qué pasa, su novia necesita decir: «No, gracias. No creo que eso es lo que Dios tenía en mente para esta salida».

ADVERTENCIA: ¡Debes pensar antes de hablar! Especialmente los muchachos. La sinceridad no significa que debemos ser fríos, rudos, ni arrogantes. Di lo que debes, pero hazlo con la mayor gentileza y delicadeza posible.

Bueno, ahora veamos la segunda parte del versículo. La *maldad* hace infeliz al amor. Como estamos en el contexto de la verdad, cambiemos la palabra *maldad* por *mentira*. Si somos mentirosos con los demás, podemos crear grandes problemas.

¿Qué quiero decir? Es como esto. Los hombres y las mujeres reaccionan de diferentes maneras a la palabra hablada. Por ejemplo, las muchachas tienden a creer todo lo que los muchachos les dicen, sobre todo cuando se trata de un cumplido o una expresión de afecto. Tienen mucha facilidad de darle un tono romántico a lo que dicen los muchachos. Para ellas, las palabras son muy importantes.

Por el otro lado, los muchachos tienden a hablar usando las glándulas antes que el cerebro. Usan las palabras como herramientas para obtener algo. Eso quizás sea bueno en una clase de debate, pero puede causar grandes daños en una cita nocturna. A continuación, un ejemplo de lo que puede pasar:

El muchacho dice: «Creo que eres una de las muchachas más lindas que he conocido» (quiere decir: *en los últimos treinta segundos*). No es mentira, pero es manipulación.

¿Qué entiende la chica? Ella piensa así: *Me ha dicho que soy la joven más hermosa que ha conocido. Debe querer decir que soy la única con quien se quiere ver.*

Él encubre cuidadosamente la verdad con la esperanza de que ella quiera juntar sus labios con él. Ella, por otro lado, creyó oír romance, amor y, tal vez matrimonio, golpeando a la puerta.

Aunque esta ilustración cause gracia, la Biblia considera que esto es un tipo de mal. Sin duda, no es el amor de Dios y al final produce tristeza.

Dios demanda que siempre seamos sinceros con los demás y eso incluye las relaciones de pareja.

Efesios 4.25 lo expresa con claridad:

> **Por lo cual, desechando la mentira, hablad verdad cada uno con su prójimo; porque somos miembros los unos de los otros [o sea, el cuerpo de Cristo, la Iglesia].**

No hay excepciones. Dios quiere que digamos la verdad... Y tampoco quiere que estiremos la verdad. No olvides que *Dios es verdad*. Jesús nos lo dijo en Juan 14.6:

Yo soy el camino, y la verdad, y la vida.

La verdad en las relaciones de amor es una necesidad. No hablo solamente de *decir* la verdad. Cuando la Biblia dice que el amor «se goza de la verdad», también significa que lo mejor para cualquier relación es oír la verdad y ver las cosas como realmente son. El amor prospera con la realidad, no con la fantasía, y mucho menos con la manipulación.

Entonces, ¿cómo «se goza de la verdad» participa en el juego de las relaciones amorosas? Cuando estemos contentos con la verdad, veremos con mayor sinceridad nuestras relaciones. Seremos más realistas y enfrentaremos los hechos. Trataremos de evitar que la relación se «romantice» y la convirtamos en algo más de lo que en realidad es.

Hace varios meses, una joven de Texas llamada Sandra llamó al programa «DAWSON McALLISTER LIVE!» para hablar de la increíble franqueza que existía entre ella y su enamorado. He aquí parte de su llamada. Creo que es una gran ilustración de una relación controlada por Dios.

Sandra:	Mi enamorado me hizo prometerle dos cosas después que empezáramos a vernos. Número uno, que Cristo siempre será el centro de mi vida. Me hizo prometerle esto.
Dawson:	¿Cómo te sentiste cuando te hizo prometerle eso?
Sandra:	Medio que comencé a enternecerme.
Dawson:	¿Cuál fue la segunda promesa?

Sandra: Sin importarme lo que podría llegar a pasar, si él hacía algo que me hiciera sentir mal, o incómoda, o algo parecido, debería decírselo. Y usted sabe lo difícil que es decirle a alguien: «Óyeme, estás logrando que me enoje» u otra cosa por estilo. Pero él me hizo prometerle que lo haría.

Dawson: ¿Has cumplido tu palabra?

Sandra: Creo que sí.

Dawson: ¿Por ejemplo?

Sandra: Le dije que creía que estábamos yendo muy rápido y él lo entendió.

He aquí una relación que «se goza de la verdad». Sandra y su enamorado han aprendido a hablar sinceramente sobre las cosas que les molestan. Todas las relaciones de pareja necesitan tener este tipo de franqueza. A la larga, te hará mucho más feliz.

¿Temes la verdad?

Desafortunadamente, muchos estudiantes todavía no han aprendido los beneficios de la amistad basada en la verdad y la sinceridad. Y el resultado es que están sufriendo, realmente sufriendo.

A continuación, hay una parte de una carta de una muchacha a la que llamaremos April. Cuenta cuántas veces April y su novio dejaron de ser sinceros consigo mismos y el uno con el otro.

Seis meses después de estar saliendo con Kevin, descubrí que estaba embarazada. Pensé, me quedaré con el bebé y Kevin y yo nos casaremos algún día porque sé que él me ama de veras y nunca me dejaría.

Bueno, le conté que estaba embarazada y luego de decirle que deseaba quedarme con el bebé, él dijo: «Está bien, pero no seré yo el que se lo diga a tu papá».

La historia de April sigue. Llegó a mentirle a sus padres acerca de su embarazo y del aborto que a la larga se sometió. Dejó de ir a la iglesia y poco después del aborto se enteró que Kevin había estado sexualmente involucrado con otra muchacha.

Sufro por esta chica. Realmente está sufriendo. Les mintió a sus padres. Se mintió a sí misma. A lo mejor mintió a muchos de sus amigos. ¿Quién sabe cuántas mentiras contó Kevin?

No parecía haber mucho gozo en la relación. No había y no habrá nunca. No puede haber gozo en una relación cuando no se incluye la verdad.

Veamos esto en un plano personal. ¿Cómo puedes saber si tienes un tipo de relación que no teme la verdad? Lee las preguntas que aparecen a continuación. Piensa en ellas cuidadosamente. Y si en realidad quieres ser más sincero en tu relación amorosa, anota tus respuestas y ora sobre de las respuestas y con quién debes comentarlas.

- ¿Son tus debilidades algo que ocultas a propósito de tu pareja para que la relación siga avanzando?

- ¿Hay algo que te gustaría hacer (salir con otros, unirte a un club) que no se lo dices a tu pareja para que la relación siga avanzando?

- ¿Existen temas controversiales que quisieras hablar con tu pareja, pero que no lo haces para no causar discusiones?

- ¿Tiene debilidades tu pareja de las que quisieras hablar, pero no lo haces porque temes la separación?

- ¿Hay ciertas preocupaciones que tienes en función de la relación y que temes mencionarlas?

Otra manera de medir si tu relación «se goza de la verdad» consiste en pensar en lo que ocurre cuando tú y tu pareja no estáis de acuerdo en algo. Es fácil llevarse bien cuando todo anda bien. La verdadera prueba viene cuando hay desacuerdo. A continuación vemos cinco maneras negativas en que la gente resuelve un problema de desacuerdo. ¿Alguna vez pensaste o actuaste de alguna de estas maneras?

- Rehusar hablar del problema.

- Hacer un gran chiste de una situación seria.

- Poner mala cara o enfurruñarse.

- Hacerse el indiferente.

- Planear una venganza, con la idea de ajustar las cuentas.

En uno que otro momento todos hemos sido culpables de comunicación algo menos que verdadera. Sin embargo, nuestro objetivo debe ser el de construir una relación que no le tema a la verdad. Cuando atravesamos desacuerdos y tiempos difíciles con sinceridad, a menudo nos acercamos más. Dios no le teme a la verdad y nosotros tampoco le debemos temer.

Es un cliché, pero es verdad: «La sinceridad es la mejor norma». El amor no necesita encubrir nada. El amor hace que las partes caigan donde corresponde.

No todas las relaciones sobrevivirán, aunque los dos hayan sido absolutamente sinceros. Pero puedo prometerte que una relación edificada sobre mentiras, nunca prosperará.

Hay veces cuando una relación sincera y veraz debe terminar. Cuando llega ese momento, una pareja sincera no tratará de escaparse por etapas. Eso nunca da resultados. La otra persona siempre se da cuenta. Si quieres romper, hazlo. Sólo recuerda ser bueno y compasivo. No te olvides de pedirle a Dios que te ayude a ser veraz, pero amable.

Una vieja canción de rock de los años sesenta decía: «Romper es algo difícil». Lo es. Siempre habrá dolor. A veces pequeño, a veces parecerá que el corazón va a explotar. Pero una relación que no teme enfrentarse con la verdad, aunque quizás conduzca a la separación, puede estar tranquila sabiendo que Dios fue honrado.

Cuando todo termine, agradécele a Dios las lecciones que aprendiste. Agradécele porque sus principios de veracidad los protegieron a ambos de comprometerse en algo que no estaba bien. Y agradécele que, debido a que ambos fueron sinceros entre sí, pueden mirar hacia atrás sin culpa ni lamento.

9

Aprende a ser benigno y generoso

*Uno sabe que desarrolla
el tipo de relación de amor
que Dios quiere cuando...
sea benigno y generoso
con mi pareja.*

VEAMOS DE NUEVO 1 CORINTIOS 13. El amor verdadero, dice, es benigno. El amor verdadero «no busca lo suyo, no es egoísta».

Veamos en primer lugar el egoísmo. ¿Qué significa ser egoísta? El egoísmo es una actitud que coloca mis deseos y necesidades por encima de los tuyos. Dice «yo primero» y «yo quiero». Cuando somos egoístas le decimos a Dios que no confiamos en Él para la provisión de nuestras necesidades. Nosotros buscamos satisfacerlas por nuestra cuenta.

Creo que todos estamos de acuerdo en que vivimos en un mundo muy egoísta. Hacia donde dirijas tu mirada pareciera que la gente se consume por conseguir más, gastar más y comprar más. Muchos parecen interesarse solamente en sí mismos. Todo lo que hacen parece estar motivado por el egoísmo.

Aun nosotros como cristianos tenemos que luchar constantemente con la tentación de actuar con egoísmo. Cuando todos a nuestro alrededor se ocupan por ser el número uno, una actitud de egoísmo difícilmente parecería rara.

Sin embargo, el egoísmo es prácticamente lo más distante que se puede estar del amor de Dios, y es una manera segura de arruinar las relaciones amorosas. En el momento en que empezamos a pensar que «yo y mío»

son más importantes que «tú y tuyo», tenemos problemas.
El mensaje que enviamos es: «No puedo amarte porque estoy muy ocupado cuidando de mí mismo».

Lecciones dolorosas

En las relaciones amorosas las personas egoístas quizás no se dan cuenta cuán egoístas son. Pueden llegar a pensar que porque invierten tiempo y dinero en comprar regalos de cumpleaños y de Navidad, satisfacen las necesidades de su pareja.

¿Sabes qué? Así no son las cosas. La forma en que Dios quiere que nos preocupemos por otra persona comienza con *dar*. Esto no significa que hay que dar sólo tiempo o dinero. Implica darnos nosotros mismos, nuestra atención, nuestro amor, nuestro cuidado. Si entras en una relación pensando «¿Qué podré obtener?», en realidad no tienes una relación; has conseguido un acuerdo.

El acuerdo es así: «Me ocuparé de algunas de tus necesidades si tú satisfaces algunas de las mías. Saldremos dos veces a la semana y te llamaré cada dos días. En retribución, tú me darás halagos, compañerismo, sexo, etc.» La lista podría llegar a ser interminable. Eso no es una relación; eso es un «negocio».

Estoy convencido de que miles y miles de estudiantes que creen que tienen una relación, en realidad están enredados en arreglos egoístas. Cuando satisfaces algunas de tus necesidades, quizás sientas que la otra persona se preocupa por ti. Pero cuando un muchacho con un gran automóvil y un fajo de billetes se empieza a acercar, o cuando una chica con una gran sonrisa y una gran personalidad aparece, ¿todavía se preocupa tu pareja por tus necesidades o se va con el mejor postor? ¿Cuando sin querer quedas encinta, ¿sigue tu novio interesado en ti o desaparece?

Egoísmo y sexo

Sé que suena frío, pero en el egoísmo no hay nada cálido. Puede dejar algunas cicatrices feas y profundas.

También creo que es justo decir que en muchos, si no en todos los casos, cuando uno de los dos miembros de la pareja es egoísta, la presión para tener sexo es muy grande. Los muchachos egoístas casi siempre son culpables de obligar a las muchachas a tener sexo. Muchas veces presentan la demanda de la siguiente manera: «Si me das sexo, haré que te sientas amada. Es más, te puedo prometer casi cualquier cosa. Pero si me dices que no, no me verás más».

A continuación se encuentra un extracto de una carta que recibí hace poco, en la que repetidamente se puede leer entre líneas «negociemos».

Mi enamorado y yo estamos pasando algunas dificultades. Quiere que me vaya a vivir con él. Quiere hacerlo y quiere casarse conmigo. Le dije que no puedo. Él dice: «¿Por qué no?, tus padres te perdonarán». No sé si romper con él...

¿Tuviste la misma reacción que yo a esta carta? Cuando la leí por primera vez, me quedé sentado gritándole al papel: «¡DÉJALO! ¡DÉJALO!», como si ella pudiera oírme. La está manipulando al máximo, pero ella no se da cuenta.

Ella tiene que salir de ahí y alejarse lo más posible de ese muchacho. A él lo consume su propio egoísmo y no le importa nada de esa chica. Tenía todo tipo de «deseos» por esa joven, pero no vi ni una sola palabra de dar.

Otra carta que recibí asienta este concepto muchísimo más. Viene de una joven cuya necesidad imperiosa de ser amada la metió en situaciones donde negoció desesperadamente.

¡Deseaba tanto que alguien me amara! Y hubiera dado a un muchacho cualquier cosa que quisiera con tal que me amara. Pero el gran problema con este tipo de pensamiento, aparte de lo obvio, es que para que alguien realmente me ame, no necesito darle nada. Si me ama, no necesitará ni querrá los extras.

Qué lección tan dolorosa aprendió. Gracias a Dios, finalmente se dio cuenta que el verdadero amor no proviene de negocios ni transacciones.

¿Cómo se comparan tus relaciones amorosas con las que hemos analizado? Tú y tu pareja, ¿estáis dando o tomando el uno del otro?

La señal de la inmadurez

La descortesía es una forma menos mortal del egoísmo. Todos tenemos momentos de descortesía. A continuación hay una lista de las maneras en que podrías ser descortés con tu pareja. Compara tus acciones con las que se encuentran ahí. ¿Alguna vez:

- interrumpiste a tu pareja mientras estaba hablando?
- te burlaste y heriste los sentimientos de tu pareja?
- te hiciste el gracioso o fuiste ofensivo para llamar la atención?
- miraste para otro lado o dejaste de prestar atención mientras tu pareja hablaba?
- usaste malas palabras cuando te enfadaste?

La descortesía es simplemente una señal de inmadurez. Es una manera de demandar ser el centro, para bien o para mal. Muchas veces es una acción deliberada con la intención de avergonzar a alguien en venganza por algo que creemos que nos ha hecho esa persona.

Cuanto más nos acercamos a alguien, mayor es la oportunidad de ser afectado. Pero la descortesía nunca es una respuesta aceptable a este dolor porque básicamente es una manera de hacer que la otra persona pague por habernos causado dolor. Pero el verdadero amor no guarda rencor. Siempre busca lo mejor para el objeto de su amor.

Amor en acción

No creo que haga falta ser un científico nuclear para entender que la clase de amor de Dios siempre implica bondad. Bondad es el lado del amor que se muestra a través de la generosidad. La gente bondadosa siempre está dispuesta a servir a otros.

Efesios 4.32 nos dice:

Antes sed benignos unos con otros, misericordiosos, perdonándoos unos a otros, como Dios también os perdonó a vosotros en Cristo.

La bondad se concentra en la acción. No se queda sentada. Hace algo.

Así es como encaja la bondad en nuestro rompecabezas del amor. La bondad es el amor en acción. Siempre encontrará una manera de dar y de animar. La bondad dice: «Te serviré. Me interesaré por tus necesidades y trataré de satisfacerlas».

La bondad cuesta mucho trabajo. Esto se debe a que cada vez que eres bondadoso con tu pareja, tienes que pensar en la otra persona en vez de pensar en ti. Las relaciones fuertes se caracterizan por mucha amistad. Esto significa tener el compromiso de servir a tu pareja como Cristo te sirve a ti. Gálatas 5.13 dice así:

Servíos por amor los unos a los otros.

Una de las advertencias que muestran que una relación se fundamenta en la pasión más que en el amor es que los actos de bondad son casuales. Sólo ocurren de vez en cuando. Una relación alimentada por la pasión comienza a perder el encanto y a volverse aburrida cuando se entiende que cuidar y dar son un trabajo duro. Entonces servir a la otra persona se vuelve doloroso en vez de placentero.

Piénsalo. Cuando empiezas a salir con alguien que te agrada, ¿no es fácil ser bondadoso y cortés con tu pareja? Pero al profundizar en la relación, tus actos de bondad pueden volverse menos automáticos. En ese momento empieza a actuar el verdadero amor y decide hacer cosas bondadosas.

¿Cuáles son algunas de las maneras de mostrar bondad en una relación de pareja? Toma nota de lo siguiente:

- Oír con paciencia.
- Buscar maneras de hacer cumplidos que sean sinceros.
- Pasar tiempo con los padres de tu pareja.
- Lavarle el auto a tu pareja.
- Pasar tiempo aprendiendo sobre temas que le interesan a tu pareja.
- Celebrar los cumpleaños en grande.

Una relación no se basa en el verdadero amor a menos que tú y tu pareja estéis dispuestos a ser bondadosos sin esperar ninguna recompensa.

10

Aprende a amar sin condiciones

*Uno sabe que desarrolla
el tipo de relación de amor
que Dios quiere cuando...
rechace la tentación
de imponerle a mi pareja
el ser lo que yo quiero que sea.*

P iENSA POR UNOS MOMENTOS EN ALGUNOS DE
TUS MEJORES AMIGOS. ¿Por qué te llevas tan bien con ellos?

Con toda seguridad se debe a que os aceptáis unos a
otros tal como sois. Ninguno pone condiciones a la amistad del otro. Ninguno está obligado a hacer ciertas cosas o
comportarse de cierta manera para sentirse aceptado. La
verdad es que os queréis tal como sois.

Tu relación amorosa debes tomarla desde la misma perspectiva. No digo que no debes tener normas de conducta.
Una buena parte de este libro está dedicada a enunciar las
normas bíblicas en las relaciones de pareja. Ya deberíamos
entender claramente que tu pareja debe ser un cristiano en
crecimiento y debe tener un estilo de vida que rechace el pecado y trate de ser obediente a los mandamientos de la Escritura.

Tampoco digo que no puedas tener preferencias. Obviamente es insensato enamorarse de una persona con la
que no te puedes llevar bien.

Pero el tipo de amor de Dios declara: «Te aceptaré tal
como eres. Te amo sin condiciones». Por el otro lado, la pasión siempre tratará de cambiar la personalidad o el estilo
de vida de la pareja. La pasión dice: «Debes hacer esto. Deberías vivir de esta manera». La pasión quiere cambiar muchas cosas, tales como:

- Hablas demasiado.
- Hablas poco.
- Nunca te cambias el peinado.
- Nunca llegas a tiempo.
- Eres haragán.
- No sabes tomar una decisión.
- Usas ropa extraña.
- Eres egoísta.
- Siempre cambias de parecer.
- Eres celoso.
- Es muy fácil herirte los sentimientos.
- Eres muy impaciente.

La lista continúa, pues el apasionamiento es una forma de egoísmo que no entrega nada de amor ni aliento para los demás.

A continuación, se encuentran algunos motivos por los cuales no deberías tratar de obligar a alguna persona al cambio.

- ¡No da buenos resultados!
- ¡Es un acto de inmadurez!
- ¡No es una característica del amor verdadero!

¿Qué tienes en tu lista?

Si alguien teme perderte, tratará de simular el cambio que le pides, pero cuando desaparece el apremio, esa persona volverá a ser quien es en realidad. Al final, no puedes hacer que alguien cambie a través de tu esfuerzo personal.

El cambio verdadero en la vida de una persona, incluso tu pareja, sólo vendrá desde adentro mediante la dirección del Espíritu Santo.

Cuando tratas de forzar a tu compañero a cambiar en función de tus expectativas, estás arriesgándote mucho con la vida de esa persona. Quizás termines haciendo que se sienta insegura, amenazada y con temor al rechazo. También puede que dañes su autoestima.

Cuando empiezas a salir con una persona, debes preguntarte: «¿Estoy midiendo a esta persona en función de una escala de rendimiento para ver cómo se compara con mis expectativas, o la acepto incondicionalmente tal como Dios me aceptó a mí?»

He aquí una historia para ilustrar este aspecto. Un muchacho universitario (lo llamaremos Aarón) llamó una noche al programa de radio ¡DAWSON MCALLISTER LIVE! Aarón tenía una lista increíble de expectativas de la mujer con la que se quería casar.

> Hice una lista. No se trataba sólo de los aspectos físicos, sino también los espirituales.
> La hice solo. Realmente oré sobre el asunto... de su aspecto, el color de su cabello, el color de los ojos. En verdad, me volví muy técnico pues pensé que si voy a estar casado con esta mujer por el resto de mi vida, quiero ser feliz con ella. Así es que hace mucho tiempo que confeccioné esta lista.
> Pero luego, cuando ya había estado saliendo por un tiempo con muchachas, empecé a pensar: *Debo estar loco. Pues muchas de estas chicas cumplen con algunos aspectos de mi lista, pero no hay una que cumpla todos los requisitos.* Entonces empecé a bajar las expectativas.

Esta lista tiene demasiados requisitos. Fui más allá del asunto de «si ama a Dios y si es cristiana». Esta lista es realmente técnica.

Pero parece imposible que una joven reúna todos los requisitos. Así que decidí entregárselo todo a Dios.

¡Adivinen qué pasó con Aarón cuando volvió a la universidad, después del verano!

«Fue cuestión de mirar y ver, y allí estaba ella», dijo él.

Así que las cosas se encaminaron para Aarón. Sin embargo, eso no ocurrió sino hasta que le entregó todo a Dios. Debemos tener mucho cuidado de no hacer lo que hizo Aarón. Su lista de la «mujer perfecta» casi lo hunde en una zanja. Deberíamos analizar las citas de Aarón, pues sospecho que se perdió muchas amistades importantes por estar tan ensimismado en el control de las credenciales de su pareja.

Otro problema de tener una lista es que no siempre se adapta a tu crecimiento. Todos pasan un proceso de cambio y madurez. Puede ser que la persona que hoy parece perfecta, mañana no lo sea. No te olvides que Dios te conoce mejor que tú mismo. ¡Deja que *Él* maneje la lista!

Seamos sinceros. No existe ninguna persona perfecta en el mundo con la cual puedas salir. Pero eso está bien, pues si la hubiera, nunca sería feliz con tu falta de perfección. Es por eso que Dios quiere que aprendas a aceptar a tu pareja tal como es, sin condiciones.

Otro motivo para amar sin condiciones es que este es el tipo de amor que crece profundo y fuerte con el paso de los años. Cuando damos amor incondicional, le estamos dando a nuestra pareja un gran regalo. Le demostramos que no tiene que temer al rechazo. Y eso es algo que traerá una paz increíble y libertad a nuestras relaciones.

Ese es exactamente el mensaje que encontramos en 1 Juan 4.18-19:

En el amor no hay temor, sino que el perfecto amor echa fuera el temor; porque el temor lleva en sí castigo. De donde el que teme, no ha sido perfeccionado en el amor. Nosotros le amamos a Él, porque Él nos amó primero.

Como cristianos, Dios nos valora a todos por igual. Él es paciente con nosotros, no importa cuál sea nuestra debilidad. Lo mejor de todo es que no lleva una lista de nuestras caídas. Perdona, olvida, y nunca usa nuestros pecados y errores en contra nuestra.

Cuando muestras amor incondicional a las personas con las que sales, tus relaciones van a ser mucho más seguras. Es por eso que debes preguntarte lo siguiente si crees que es posible que estés enamorado: «¿Podría vivir con esta persona, así como es ahora, el resto de mi vida?»

El verdadero amor no puede basarse en el temor de que hay que «actuar» todos los días. Las relaciones amorosas de éxito siempre se basan en el amor y la aceptación incondicional de Dios.

11

Ayuda a tu pareja a vivir para Cristo

*Uno sabe que desarrolla
el tipo de relación de amor
que Dios quiere cuando...
trate en verdad de animar
a mi pareja a que se parezca
más a Jesús.*

EN EL CAPÍTULO ANTERIOR VIMOS CÓMO EL AMOR VERDADERO ES INCONDICIONAL, en cuanto acepta a las personas tal como son y no trata de cambiarlas para que se amolden a lo que uno cree que deberían ser. Pero eso no significa que las personas no deban crecer y cambiar. Después de todo, nadie es perfecto. Siempre se puede mejorar algo en la vida.

Dios dice con claridad que debemos animarnos unos a otros a ser mejores cristianos:

> **Antes exhortaos los unos a los otros cada día, entre tanto que se dice: Hoy; para que ninguno de vosotros se endurezca por el engaño del pecado.**
>
> **Hebreos 3.13**

La emoción por el pecado puede engañar al mejor cristiano. No importa lo fuerte que sea, tu pareja también tiene luchas espirituales como tú. No creas que esas luchas no existen. Cuanto más pasas por alto un pecado, no importa lo pequeño, se vuelve más habitual. A esto se refiere Hebreos 3 cuando dice: «Ninguno de vosotros se endurezca por el engaño del pecado».

Tú y tu pareja requerís cada día el aliento espiritual necesario para evitar los trucos que trata de hacernos el pecado. Si estás involucrado en una verdadera relación de amor, tú y tu pareja siempre debéis ayudaros mutuamente a acercarse a Jesús.

Maneras creativas de incitar el crecimiento espiritual

Ya lo he dicho antes en este libro, pero quiero repetirlo. Tu objetivo principal no debería ser tener una buena relación amorosa. Tu objetivo principal no debería ser encontrar a la persona que ha de ser tu cónyuge. Tu prioridad debería ser amar a Dios y volverte cada día más parecido a Jesucristo.

Parte del deseo de Dios en tus relaciones amorosas es que proveas aliento espiritual a las personas con que sales. En verdad, la preocupación principal del amor verdadero es que la otra persona crezca espiritualmente. Lograr este objetivo requiere un poco de planeamiento.

Piensa en los tipos de actividades que tú y tu pareja realizáis juntos para divertirse: estudiar, montar bicicleta, ir al zoológico, jugar deportes, caminar, pasear en automóvil, cocinar, ir de compras, salir a comer, cabalgar, ir a la iglesia, etc.

¿Alguna vez has pensado hacer algo junto a tu pareja que os ayude a crecer espiritualmente? Por ejemplo:

- ¿Preguntarse el uno al otro cómo va la vida espiritual?
- ¿Estudiar la Biblia juntos?
- ¿Memorizar versículos bíblicos?
- ¿Orar cada vez que se ven?
- ¿Testificar con un amigo de los dos?

- ¿Trabajar en un proyecto misionero?
- ¿Visitar un hogar de ancianos?
- ¿Dar un estudio bíblico juntos?
- ¿Leer juntos un buen libro?

En toda relación de amor saludable, una parte importante es pensar en métodos creativos para ayudarse mutuamente a crecer como cristianos.

Sí, requerirá algo de esfuerzo, pero nutrir el amor verdadero siempre implica esfuerzo. Una cosa es cierta: Si estás simplemente apasionado con tu pareja, nunca tendrás la disciplina ni el interés necesarios para hacer esas cosas.

A continuación hay varias preguntas para ayudarte a pensar en el tema:

- ¿Qué hacéis tú y tu pareja para crecer espiritualmente?
- ¿Cuán a menudo habláis de temas espirituales cuando estáis juntos?
- ¿Qué fue lo último que hiciste para estimular a tu pareja a vivir para Cristo?
- ¿Qué fue lo último que hizo tu pareja para exhortar a vivir para Cristo?
- ¿Cómo crees que podrías mejorar tu labor de animador espiritual?

Ahora debes meditar cuidadosamente acerca de cómo respondiste las preguntas. ¿Existe algún indicio de que uno de los dos, o ambos, no sea el tipo de alentador espiritual que el verdadero amor requiere? Si es así, tal vez tengas que trabajar en esta área de tu relación.

Ninguno de nosotros es perfecto, pero si no tienes una verdadera pasión por ver a tu pareja vivir para Cristo, es hora de que te examines tanto a ti como a la relación.

Un corazón piadoso

El amor verdadero requiere que busques como pareja a alguien que tome en serio a Dios, que te ayude a tomar en serio a Dios y a quienes tú quieras ayudar a tomar a Dios más en serio. Si aceptas menos, una de las necesidades más profundas que tienes (amar y alabar a Dios juntos) quedará insatisfecha.

Muchachas, a un joven con un corazón consagrado a Dios, le interesará que tu corazón esté consagrado a Dios. Muchachos, lo mismo es cierto, pero a la inversa. Una joven con el corazón consagrado a Dios nunca estará contenta hasta que tu corazón esté tan comprometido a Cristo como el suyo. Por supuesto, esto no significa que no deberías sentir atracción física también. Esto debe existir, pero nunca a expensas de lo que está en tu corazón.

En el Antiguo Testamento, en el libro 1 Samuel, vemos un gran ejemplo de la importancia de un corazón inclinado a Dios. Dios envió a Samuel a Isaí, un hombre que tenía ocho hijos. Uno de ellos era el elegido de Dios para ser el nuevo rey sobre Israel, pero no le había dicho a Samuel cuál era. Así que Samuel habló con Isaí y lo invitó a hacer sacrificio en el lugar donde se ungiría al nuevo rey. Así fue como sucedió:

> **Y aconteció que cuando ellos vinieron, él vio a Eliab, y dijo: De cierto delante de Jehová está su ungido. Y Jehová respondió a Samuel: No mires a su parecer, ni a lo grande de su estatura, porque yo lo desecho; porque Jehová no mira lo que mira el**

hombre; pues el hombre mira lo que está delante de sus ojos, pero Jehová mira el corazón.

1 Samuel 16.6-7

La cualidad más importante que cualquiera puede tener es poseer un corazón amante para con Dios.

Cuando ambos tenéis este tipo de corazón, Dios puede hacer cosas asombrosas en vuestras vidas. Cada uno motivará al otro a la profundización en el camino de Dios. Y tendrás la voluntad de mejorar las relaciones con Dios y con la pareja.

Cuando eso ocurre, ¡cuidado! Al estar juntos, y al crecer más y más en la semejanza de Cristo, también podréis volverse menos «amantes». Después de todo, un corazón lleno de Cristo es el mejor maestro del amor.

12

Evita los celos

*Uno sabe que desarrolla
el tipo de relación de amor
que Dios quiere cuando...
no sea celoso ni posesivo.*

SI ERES SINCERO ACERCA DEL ROMPECABEZAS DEL AMOR, no puedes dejar de tocar la pieza grande, pesada y desagradable denominada *celos*. Si quieres descarrilar una relación de pareja, empieza a ser posesivo.

No te quedes con mi palabra, oye lo que dice Dios:

Porque donde hay celos y contención, allí hay perturbación y toda obra perversa.

Santiago 3.16

La Biblia no anda con rodeos, es directa. Si tú, o tu pareja, tienes celos o te vuelves posesivo, vas a tener problemas en la relación y tú serás el causante.

¿Qué son los celos y qué es ser posesivo? Los celos son emociones negativas. En realidad son una forma de egoísmo. Cuando estás celoso, quieres ser el centro de atención de tu pareja casi o todo el tiempo. Si tu pareja pasa tiempo con alguna otra persona, los celos te pueden causar dolor o ira. Cuando das expresión a tus celos y tratas de evitar que tu pareja haga algo sin ti, eso es ser posesivo.

Lucha contra los celos

Los celos son como una maleza que crece en nuestro corazón. Cuanto más crece, más desplaza al amor verdadero. En 1 Corintios 13.4 se define claramente la diferencia entre el amor y los celos, cuando dice:

El amor no tiene envidia.

Pensemos entonces en la diferencia entre el amor y los celos. Imaginemos que ahora mismo luchas con los celos. Cada vez que tu pareja decide pasar tiempo haciendo algo que no sea estar contigo, no te gusta. Peor todavía, no te gusta que hable con nadie más que contigo. Parecería que no confías mucho en esa persona. Piensas que tal vez ella tenga dudas acerca de tu relación. Comienzas a tener sentimientos de rechazo y enojo por pensar en esa posibilidad.

¿Entonces que crees que refleja tu lucha con los celos en una relación de pareja? Permíteme sugerir la respuesta. Quizás indica que no estás experimentando el amor verdadero. A lo mejor significa que estás apasionado.

La pasión se siente amenazada con facilidad, así que siempre tiene celos e inseguridad. Por lo general, la pasión se preocupa más de lo que puede sacar de una relación que de lo que puede dar para que la relación salga adelante. Aquellos que están atrapados por la pasión quieren ser el foco de la atención completa de la otra persona. Así que se disgustan cuando una parte de esa atención se invierte en otras personas o actividades.

¿Te das cuenta por qué es tan dañino en una relación? Es como si mandaras a la persona a la que al parecer amas a una pequeña prisión. Tus celos tratan de sacarle las opciones y la libertad a tu pareja. Los celos hacen que esperes que esa persona satisfaga todas tus necesidades a expensas de sus propias necesidades. Esto es sin duda una actitud muy egoísta.

Las personas involucradas en una relación amorosa no tienen el derecho de cortar otras relaciones en la vida de la pareja. Si esto ocurre, quedarían privadas de actividades y de personas que podrían tener un impacto increíble en su vida. Asimismo, si tratan de aferrarla muy fuertemente, su pareja se va a empezar a sentir atrapada. Al suceder esto, es sólo cuestión de tiempo hasta que ella decide escapar de la prisión que los celos le construyeron.

Tal vez pienses: «Está bien, Dawson, ¿pero qué debo hacer si alguna chica trata de enamorar a mi novio? o ¿qué puedo hacer cuando otro muchacho empieza a buscar a mi chica?»

Sé lo que casi siempre ocurre: Miradas de odio, no le hablas por un tiempo, comentarios tajantes. Los amigos eligen con quién aliarse y la guerra puede continuar por días o semanas.

Pero permíteme preguntarte algo: ¿Quién sale ganando? La respuesta es muy obvia, pero igual la voy a decir: ¡NADIE! Y especialmente el amor.

En el mismo momento en que empiezas a sentir celos, debes detenerte y recordar que la decisión de sentir celos es exclusivamente tuya. Y debes tener en cuenta que cuando los celos entran en juego, nadie gana. Reflejan la inmadurez y el egoísmo, y no van a ayudar a mejorar las relaciones, sino que me atrevo a asegurar que causarán daño. Pero lo más importante es que el verdadero amor, el amor de Dios, no es envidioso.

Piensa en esto: El verdadero amor quiere dar lo mejor a la otra persona. El verdadero amor dice: «Me importas tanto que voy a darte libertad total para llegar a ser lo que Dios quiere que seas. Quiero que tomes las mejores decisiones en tu vida sin importar el efecto que tengan en mí o en nuestra relación».

Si tu amor es maduro, le darás libertad a tu pareja de manera que fortalecerás el respeto y la amistad entre los dos. No garantiza una relación de amor perfecta, pero los conducirá por un sendero menos escabroso.

Antes de seguir adelante, quiero aclarar una cosa más. Tu enamorado no te pertenece y nunca te pertenecerá. No es posesión tuya. Esa persona pertenece a Dios. El tiempo que pasa contigo en una relación de pareja es un don de Dios para ti. Cuando te olvidas de eso, tus amistades empiezan encaminarse en dirección equivocada. Por eso Dios nos ha dado esta firme instrucción:

Amados hermanos míos, no erréis. Toda buena dádiva y todo don perfecto desciende de lo alto, del Padre de las luces, en el cual no hay mudanza, ni sombra de variación.

Santiago 1.16-17

Dios aborrece los celos

Como nuestras relaciones son dones de Dios, a Él le disgusta que tengamos celos o seamos posesivos con esos dones. A continuación hay tres razones que explican por qué es así.

Para empezar, Dios resiste los celos porque es un insulto al don que nos ha dado. En vez de cuidar el don con agradecimiento, tratamos de guardarlo por la fuerza. Es como mover el puño frente a Dios y decirle: «¡Me merezco esto, así que no trates de quitármelo!»

Este modo de ser hiere en lo más profundo a Dios.

Después de todo, Él conoce todas nuestras necesidades. Sabe con exactitud lo que es mejor para nosotros. Se deleita mucho, no sólo en satisfacer nuestras necesidades, sino también en ser sumamente generoso. Cuando Dios nos da la oportunidad de tener una relación amante de pareja, lo hace porque nos ama y no porque hayamos hecho algo para merecerla. No la merecemos y Dios no tiene por qué darnos nada.

En segundo lugar, Dios aborrece los celos porque dañan, a veces destruyen, la oportunidad que Él nos da de servir y ayudar a otra persona a crecer en Cristo. Marcos 9.35 dice:

Si alguno quiere ser el primero, será el postrero de todos, y el servidor de todos.

El mandamiento de Dios a servirnos unos a otros es muy serio. Cristo pasó todo el tiempo de su ministerio sirviendo a otros. Este es uno de los trabajos más importantes del cristiano. Cuanto más tiempo pasamos con alguien, en una relación amorosa, más importante se hace servir a esa persona.

Por otro lado, cuando nos volvemos celosos dejamos de servir a esa persona y comenzamos a servirnos a nosotros mismos. En vez de ayudar a tu pareja a darle lo mejor a Cristo, cuando eres celoso tratas posesivamente de limitarle los derechos. En verdad, le haces mal al tratar de gobernarla a través del egoísmo. Esta no es la manera de amar de Dios. Él nos dice que un siervo nunca toma ventaja de aquellos a quienes sirve:

Nada hagáis por contienda o vanagloria; antes bien con humildad, estimando cada uno a los demás como superiores a él mismo; no

mirando cada uno por lo suyo propio, sino cada
cual también por lo de los otros.

Filipenses 2.3-4

La tercera razón por la que Dios aborrece los celos es
que a menudo nos llevan a herir a otros y a nosotros mismos. Los celos nos alejan de Dios y de nuestros amigos y
nos fuerzan a preocuparnos por nosotros mismos. Nos
obligan a hacer cosas que normalmente no haríamos.

Si tú has lidiado alguna vez con los celos, recuerda
aquel momento. ¿En qué pensabas? ¿Cómo reaccionaste?
Los celos no son algo fácil de ocultar. Te hacen sospechar
de todos. Al fin y al cabo, causan dolor a uno mismo más
que a cualquier otro. Proverbios 14.30 nos dice:

El corazón apacible es vida de la carne;
Mas la envidia es carcoma de los huesos.

13

Obedece el consejo de Dios acerca del sexo

*Uno sabe que desarrolla
el tipo de relación de amor
que Dios quiere cuando...
obedezca lo que Él me aconseja
en relación al sexo.*

HOY EN DÍA, MUCHAS PERSONAS DICEN: «Las viejas costumbres ya no sirven. Descártalas. Ahora no se hacen las cosas como antes. Que venga lo nuevo, así es como andan las cosas hoy».

Bueno, esta es mi opinión: No todo lo nuevo sirve y no todo lo viejo se debe desechar. Esto es especialmente verdad cuando nos referimos al consejo de Dios en cuanto al sexo.

¿Crees que la Palabra de Dios es vieja y anticuada, que no sirve para el día de hoy y que no es práctica?

Escucha lo que pienso: Si descartamos la Palabra de Dios y le hacemos caso al mundo y lo que nos dice acerca del sexo, la probabilidad de que nos ocurra una gran tragedia en la vida amorosa es de casi un ciento por ciento. Sin la Palabra de Dios como guía, tenemos la garantía casi absoluta de terminar enredados en un montón de imitaciones baratas de lo verdadero. Y con esas imitaciones vendrán aflicción y daño increíbles.

¿Te parece que tomo este tema en serio? ¡Por supuesto! Si no te importa lo que dice Dios acerca del sexo, más vale desechar este libro ahora mismo. El consejo de Dios acerca del sexo (así como para todo lo demás) es la última palabra sobre el tema.

Piensa. ¿Cuántas veces hemos dicho en este libro que Dios es el autor del amor? Él *es* amor. Nos enseña a amar. Si lo sacamos de nuestras vidas amorosas, estaremos sacando de nosotros el amor.

Recuerda, además, que Dios nos creó. Su instrucción siempre está basada en lo que Él sabe que es mejor para nosotros, aunque no lo veamos o no lo entendamos. Si nos comprometemos a seguir sus leyes, nunca nos harán mal; al contrario, nos ayudarán.

Por desgracia, muchos jóvenes ya han cometido errores serios involucrándose en el sexo. Si estás en esta situación, no te desesperes. Dios te ama con el mismo amor de siempre. Si estás en este grupo, ve ahora mismo hasta el capítulo 16. Se escribió especialmente para ti. Puedes leer este capítulo más tarde.

Un mundo lleno de mensajes confusos

Como dijimos antes, cuando hablamos de sexo, el mundo está lleno de mensajes confusos, sobre todo para los jóvenes. Los cristianos y unos pocos hablan de abstinencia, o sea, de no tener sexo sino hasta el matrimonio. Algunos pocos dicen: «Adelante. ¡Si la sensación es buena, hazlo!» Casi todos dicen: «Puedes tener sexo, pero que sea seguro».

¡ALTO! No existe tal cosa como «sexo seguro», excepto entre los esposos cuando ambos eran vírgenes al casarse. Cualquiera puede infectarse con el SIDA. El virus es tan pequeño que puede penetrar un condón. Y si no contraes el SIDA, tienes una gran probabilidad de recibir alguna otra enfermedad de trasmisión sexual. Si logras escapar de todo eso, existe la posibilidad de quedar embarazada. También están las heridas emocionales de tener sexo antes del matrimonio, heridas que te acompañarán el resto de la vida. Existen también otras consecuencias de pasar por alto el consejo de Dios acerca del sexo.

Esto es seguro. Muchos estudiantes cristianos están confundidos acerca de su sexualidad, pero no están dispuestos a obedecer las enseñanzas de Dios con relación a este tema. Tomemos por ejemplo la joven que me escribió esta carta:

> **Hola. Tengo una pregunta acerca de un hecho actual en mi vida.**
>
> **Bueno, siempre he oído hablar del sexo prematrimonial y lo horrible que es. Tengo diecisiete años y actualmente salgo con un muchacho de veintisiete. Este tema es la preocupación principal de todos los que nos conocen.**
>
> **Casi todos los que nos conocen me han dicho que él sólo está interesado en tener sexo conmigo, pero eso no es cierto. Él también es cristiano y sabe que eso es contrario a las enseñanzas de la Biblia, sin embargo, es humano. Tiene deseos como cualquier otro y yo también.**
>
> **Mi problema es el siguiente: ¡Nos queremos mucho! En este momento, con lo que siento por él, sí, tendría sexo con él sin que me obligue para nada.**
>
> **Como los dos somos cristianos, nos importa mucho cómo se siente el otro. No sería un amor pasajero, de una noche. Emanaría del amor verdadero.**
>
> **Aunque esta es mi vida, mi pastor de jóvenes me recalca mucho en que eso es muy malo. ¿Pero por qué? Mi novio no me dejaría; lo sé. Sería un acto de amor puro del uno por el otro. ¿Está mal querer eso? ¡Sé que es contrario a la Biblia, pero lo quiero de veras!**
>
> **Pienso en eso a cada instante y mis amigas me dicen que eso es lascivia y que es lo mismo que hacerlo. ¿Es verdad lo que me dicen? Necesito respuestas porque no quiero causar fricción por ser cristiana, pero mis hormonas y mi corazón dicen que lo haga.**

Sus hormonas y su corazón le dicen: «Adelante, haz-lo». El consejo de Dios y de sus amigos cristianos le dicen: «¡No! ¡Un momento! ¡Detente!» ¿A quién crees que va a hacer caso?

Desconozco la respuesta, pero sí sé esto: El sexo tendrá un impacto profundo en tu vida. Hasta tu relación con Dios sufrirá una gran influencia en cuanto a tu interpretación del sexo y de cómo lidias con tu pasión sexual.

Y sé algo más: La Biblia no titubea cuando habla de sexo. Da instrucciones claras. Si sigues esos mandamientos, tendrás el mayor gozo, el mayor placer y el amor más pleno que puede existir.

Debido a que el sexo es una fuerza tan poderosa en las relaciones amorosas, vamos a considerar en este capítulo y en el siguiente los distintos aspectos del sexo. Comenzaré haciendo ciertas preguntas que quiero que respondas en base a tu posición actual acerca del sexo. Cuanto más since-ro seas en tus repuestas, más beneficio te traerán los si-guientes capítulos.

- ¿Cuánto crees que deberías avanzar sexualmente en una cita?

- ¿Crees que el sexo prematrimonial es malo? ¿Por qué?

- ¿Crees que el sexo antes del matrimonio es correcto en ciertas circunstancias? ¿Cuáles?
Señala todas las que se ajustan:

_____ *Cuando te ayuda a entender lo que sientes acerca de una persona.*

_____ *Cuando pensáis casaros pronto.*

_____ *Cuando queréis aprender a ser mejores amantes en el matrimonio.*

_____ *Cuando quieres tener relaciones sexuales para saber si tú y tu pareja son compatibles.*

_____ *Otro* _______________________

- ¿Crees que fantasear con el sexo es un hábito sano?
- ¿Crees que el sexo debe usarse sólo para procrear niños? ¿Por qué?

Al hablar de estos temas en los capítulos restantes, quiero que tengas dos cosas en mente:

Primera, reconoce que Dios creó el ímpetu sexual y es muy fuerte. Tener esos impulsos no es pecado. En verdad, Dios nos los dio como don. La clave es mantener estas sensaciones bajo control hasta el momento adecuado. La fuerza sexual liberada antes del tiempo que Dios ha señalado se puede convertir en una fuerza muy destructiva, que arruina nuestra vida y la vida de los que están cerca de nosotros.

Segunda, lo que dice la Biblia acerca del sexo fue escrito para protegernos. Recuerda que:

Toda la Escritura es inspirada por Dios, y útil para enseñar, para redargüir, para corregir, para instruir en justicia, a fin de que el hombre de Dios sea perfecto, enteramente preparado para toda buena obra.

2 Timoteo 3.16-17

El sexo fue idea de Dios

Por lo general, cuando dos personas de distinto sexo se relacionan físicamente, desde tomarse las manos hasta el acto sexual, buscan algo más que estímulo sexual. Detrás de sus acciones existen necesidades emocionales profundas, como el amor, la aceptación, la seguridad y la atención. Quieren que se satisfagan esas necesidades.

Esas necesidades internas son normales. Todos deseamos amar y ser amados. Pero debemos darnos cuenta que cuando nuestras necesidades emocionales se mezclan con nuestro ímpetu sexual, se crean deseos más intensos.

Y por encima de todo esto, el resto del mundo parece haberse vuelto loco con respecto al sexo. Presta atención a cada anuncio publicitario que utiliza el sexo para vender algo. Entre los anuncios, la televisión y las películas, se nos está infundiendo una filosofía sexual muy perversa.

A raíz de este auge de mala información, es de extrema importancia que oigamos y entendamos la perspectiva de Dios con respecto al sexo.

No olvides que Dios es el creador de todas las cosas, aun el sexo. Él nos creó con un gran ímpetu sexual. No fue al azar, algo que se le ocurrió a último momento. Fue una parte vital de su plan y su creación. Dios quiere que los casados tengan plenitud sexual.

La Biblia dice:

Y creó Dios al hombre a su imagen, a imagen de Dios lo creó; varón y hembra los creó. Y los bendijo Dios, y les dijo: Fructificad y multiplicaos; llenad la tierra, y sojuzgadla, y señoread en los peces del mar, en las aves de los cielos, y en todas las bestias que se mueven

sobre la tierra[...] Y vio Dios todo lo que había hecho, y he aquí que era bueno en gran manera.

Génesis 1.27-28,31

Jesucristo también dio su aprobación al sexo. Así lo indica una de las historias de su ministerio público.

Entonces vinieron a Él los fariseos, tentándole y diciéndole: ¿Es lícito al hombre repudiar a su mujer por cualquier causa? Él, respondiendo, les dijo: ¿No habéis leído que el que los hizo al principio, varón y hembra los hizo, y dijo: Por esto el hombre dejará padre y madre, y se unirá a su mujer, y los dos serán una sola carne? Así que no son ya más dos, sino una sola carne; por tanto, lo que Dios juntó, no lo separe el hombre.

Mateo 19.3-6

La Biblia dice claramente que Dios creó el sexo no sólo para tener hijos. También lo creó para el placer. Aunque el coito en el matrimonio es un hecho sagrado, Dios quiso que fuera sumamente placentero. Leamos lo que dice Proverbios sobre el placer sexual entre los esposos:

Sea bendito tu manantial, y alégrate con la mujer de tu juventud, como cierva amada y graciosa gacela. Sus caricias te satisfagan en todo tiempo, y en su amor recréate siempre. ¿Y por qué, hijo mío, andarás ciego con la mujer ajena, y abrazarás el seno de la extraña?

Proverbios 5.18-20

Dios quiere que los casados, unidos en Él, disfruten el cuerpo del otro. Él creó el cuerpo humano para su gloria y deleite de la pareja en el matrimonio. La meta de Dios para los casados es sentir satisfacción plena en el amor del otro y en la apariencia física. Por eso las Escrituras dicen:

> **Pero a causa de las fornicaciones, cada uno tenga su propia mujer, y cada una tenga su propio marido. El marido cumpla con la mujer el deber conyugal, y asimismo la mujer con el marido. La mujer no tiene potestad sobre su propio cuerpo, sino el marido; ni tampoco tiene el marido potestad sobre su propio cuerpo, sino la mujer. No os neguéis el uno al otro, a no ser por algún tiempo de mutuo consentimiento, para ocuparos sosegadamente en la oración; y volved a juntaros en uno, para que no os tiente Satanás a causa de vuestra incontinencia.**
>
> **1 Corintios 7.2-5**

Dios ha dicho con claridad que quiere que el matrimonio en cuanto al sexo sea sumamente excitante y agradable. Es un regalo de bodas asombroso que Dios nos da directamente a nosotros.

Sin embargo, el sexo fuera del vínculo matrimonial no es para nada un don. En el siguiente capítulo veremos algunas de las razones por las que esto es así y qué nos dice la Biblia respecto a evitar el sexo prematrimonial.

14

El poder destructor del sexo prematrimonial

*Uno sabe que desarrolla
el tipo de relación de amor
que Dios quiere cuando...
mi pareja y yo entendamos
el poder destructor del sexo
fuera del matrimonio.*

En el capítulo anterior vimos cómo Dios ve el sexo, cómo lo creó y cómo quiere que lo disfrutemos dentro del matrimonio. Es un gran plan, pero crea otro problema. ¿Cómo mantener nuestro fuerte ímpetu sexual bajo control durante varios años, hasta que nos casemos?

Una cosa es segura: Satanás quiere hacernos creer que nuestras glándulas nos gobiernan. Ha llenado al mundo de destrucción diseminando el engaño de que nuestras pasiones son lo más importante en nuestra vida. Su mensaje es simple: «Si quieres, hazlo. Si deseas tener relaciones sexuales, que nada te detenga».

Satanás, al igual que Dios, entiende el poder destructivo del sexo cuando está mal empleado. Él sabe que el sexo puede desatar emociones poderosas que parecen ser amor y son muy adictivas. Y sabe que una vez experimentada la dependencia adictiva del sexo, será mucho más difícil resistirla en el futuro.

Por eso Dios nos dio mandamientos sobre la pureza sexual. No es que trata de hacernos la vida difícil; sino que trata de protegernos del poder adictivo del sexo. Entonces, ¿qué dice Dios acerca del sexo prematrimonial?

> La voluntad de Dios es vuestra
> santificación; que os apartéis de fornicación; que
> cada uno de vosotros sepa tener su propia
> esposa en santidad y honor; no en pasión de
> concupiscencia, como los gentiles que no
> conocen a Dios.

1 Tesalonicenses 4.3-5

Evita las tentaciones difíciles

Existe una forma pura de tratar con nuestra sexualidad y también hay una pecaminosa. Mucho tiene que ver con los distintos tipos de tentación a los que nos exponemos.

Una de las maneras comunes en que los jóvenes cristianos crean una tentación difícil es saliendo con inconversos. O como dice la Biblia, con personas «que no conocen a Dios», por lo que tienen una probabilidad mayor de exponer sus cuerpos a la «pasión de concupiscencia».

A menudo, los inconversos quieren algo de la relación que tú no quieres entregar. Tal vez no quieran nada más que eso.

Becca lo entiende. Ella llamó al programa ¡DAWSON McALLISTER LIVE! un domingo en la noche y contó su historia a todo el país. Había estado saliendo con un muchacho aproximadamente un año. Una noche, él le dijo sin rodeos que quería tener sexo. Ella le respondió diciendo que no estaba lista y que tendría que esperar hasta el matrimonio. Él insistió en que estaban listos, pues tenían una buena relación.

Cuando Becca le habló de su creencia de que el sexo fuera del matrimonio era incorrecto, así se desarrolló la conversación por la radio:

Becca: Mi enamorado dijo: «¿De dónde sacaste esa estúpida basura?» Entonces le empecé a contar por qué Dios dice que está mal y él con la mirada parecía decirme: «No me prediques. No quiero oír eso».

Dawson: Seguro, él creyó que le ibas a dar un poco de acción, pero todo lo que recibió fue un sermón. Me imagino que quedó alterado.

Becca y su enamorado rompieron poco después. Qué bueno que ocurrió. Una vez que entendió que lo único que Becca le iba a dar era un sermón, se fue. No es ningún secreto a dónde fue. Fue a buscar otra muchacha que le diera sexo.

El amigo de Becca dijo que la Palabra de Dios era «estúpida basura». Para él, lo es. Becca cometió el error de salir con uno que no era cristiano, pero ante el ataque, gracias a que pensó con la mente de Dios, pudo resistir la tentación. El deseo de Dios es que evitemos cualquier tipo de actividad que signifique un uso incorrecto del sexo.

Pero fornicación y toda inmundicia, o avaricia, ni aun se nombre entre vosotros, como conviene a santos.

Efesios 5.3

¿Por qué Dios da pautas tan estrictas en contra de los juegos amorosos y el sexo cuando estamos en la etapa del enamoramiento? ¿Por qué nos dice tan amorosamente que lo reservemos para el matrimonio?

La emoción de la excitación sexual puede hacer que uno se sienta amado, aceptado, seguro y sobre todo cercano a su pareja. A veces cuando estas necesidades son fuertes, uno va corriendo sin cuidado a los brazos de alguien, con la esperanza de llegar a satisfacer esas necesidades. Por un momento nos sentimos seguros y creemos satisfechas nuestras necesidades. Pero tal como el mismo acto sexual, esos sentimientos de seguridad y respeto tienen corta duración. Y en cuanto desaparecen, nos vuelven a inundar las necesidades insatisfechas.

En el Antiguo Testamento hay una historia acerca de un hombre llamado Amnón que creía que estaba enamoradísimo de una hermosa virgen llamada Tamar. Sus emociones eran fuertes, poderosamente fuertes. Es más, estaban fuera de control. Ella sugirió el casamiento. Esto fue lo que ocurrió a continuación:

> **Mas él no quiso oír, sino que pudiendo más que ella, la forzó, y se acostó con ella. Luego la aborreció Amnón con tan gran aborrecimiento, que el odio con que la aborreció fue mayor que el amor con que la había amado. Y le dijo Amnón: Levántate, y vete[... Y] llamando a su criado que le servía, le dijo: Échame a ésta fuera de aquí, y cierra tras ella la puerta. Y llevaba ella un vestido de diversos colores, traje que vestían las hijas vírgenes de los reyes. Su criado, pues, la echó fuera, y cerró la puerta tras ella.**
>
> **2 Samuel 13.14-15,17-18**

Qué cambio tan asombroso y terrible. Cuando a Amnón se le acabó el breve tiempo de pasión, lo que creyó que era amor se convirtió inmediatamente en odio. Por desgracia, este tipo de amor pasajero existe todavía en la actualidad y los que se dejan llevar por la lascivia y el egoísmo siguen dejando una huella desastrosa de corazones rotos y daño espiritual.

Un desastre emocional

El sexo sin amor y fuera del vínculo matrimonial no es nada más que una imitación barata y engañosa. Y casi siempre produce dolor y pesar emocional.

Hace algún tiempo recibí una carta de una joven a la que llamaremos Michelle. Era la hija de un pastor, virgen y todo lo que había tenido había sido poco más que besitos de buenas noches. Tenía trece años de edad. Una noche conoció a un muchacho mayor que ella. Él le pasó la mano por la espalda. Pero como Amnón, tenía algo más en mente. Una cosa llevó a otra. Leamos esta triste historia:

> Bueno, sé que no fui violada, pero él me hizo cosas que yo nunca hubiera hecho si hubiéramos estado enamorados. Se aprovechó de mí y me siento muy mal.
>
> ¿Por qué tuvo que elegirme a mí para dar rienda suelta a sus emociones? ¿Por qué conmigo?
>
> Nunca me miró a los ojos. Nunca me besó. Todo lo que quería era gratificación personal.
>
> Ahora, cuando estoy con un muchacho, endurezco el corazón y me asusto. Aunque el muchacho sea sólo mi amigo o alguien que me parece simpático y que realmente me gusta, me pongo tensa cuando me toca, aunque sea sólo en la espalda o en algún otro lugar «seguro».

Qué tragedia. Sólo tiene trece años y ya lleva una herida que necesitará de muchos años para que sane.

Hazle caso a Dios

La Biblia es clara: El sexo no es amor. Sin el amor y el compromiso del matrimonio, el sexo entre dos personas es un desastre emocional. Aun si pudieras protegerte por completo contra la enfermedad, lo cual es imposible, no existiría el sexo seguro antes del matrimonio. ¿Sabes por qué? Porque no puedes proteger tus emociones, ni tu mente, ni tu alma. ¡No existe un preservativo que cubra el corazón!

Dios no es ni cruel ni descuidado. Sus mandamientos acerca del sexo parten de su sabiduría y su amor. Él desea que cada uno de nosotros tenga el placer increíble de ser amantes verdaderos dentro de un vínculo matrimonial estable. La mejor manera de lograr que esto ocurra es respetar sus reglas de juego y no seguir nuestros impulsos.

Esto significa que desde ahora debes desarrollar el dominio propio. En realidad, la enseñanza del dominio propio es una de las maneras de proteger tu matrimonio futuro. Después de todo, si no puedes controlar tus pasiones sexuales ahora, hay una mayor probabilidad de caer cuando estés casado. ¿Puedes imaginar lo terrible que sería despertarse una mañana y descubrir que el hombre o la mujer de tus sueños está soñando con alguna otra persona?

Mantener la pureza sexual

Antes de terminar este capítulo necesitamos analizar el tema del mal uso del sexo. Sobre todo, es un síntoma de problemas espirituales.

Hace muy poco tiempo una muchacha a la que llamaremos Kelly se comunicó con el programa ¡DAWSON McALLISTER LIVE! Dijo que sus amigos la instaban a tener sexo.

Kelly era virgen. Les dijo a sus amigos que creía que el sexo prematrimonial estaba mal y que iba a esperar hasta el matrimonio. Estoy realmente orgulloso de ella por eso.

Pero también quise asegurarme de que entendiera que la decisión de sus amigos de experimentar el sexo era algo más que una mala decisión. Era una indicación de que tenían verdaderas necesidades espirituales.

En otras palabras, el problema más grande de sus amigos era que no conocían a Cristo.

Le dije a Kelly que debía seguir siendo fuerte en su compromiso a permanecer sexualmente pura, pero que también tenía que seguir diciendo sin rodeos a sus amigos por qué había tomado esa decisión. Necesita decirle a sus amigos que la obediencia a los mandamientos de Dios acerca del sexo la protege. También necesita decirles que se comprometió a obedecer los mandamientos de Dios cuando puso su confianza en Cristo. Luego le di el siguiente versículo para que se lo leyera a sus amigos:

> **Huid de la fornicación. Cualquier otro pecado que el hombre cometa, está fuera del cuerpo; mas el que fornica, contra su propio cuerpo peca. ¿O ignoráis que vuestro cuerpo es templo del Espíritu Santo, el cual está en vosotros, el cual tenéis de Dios, y que no sois vuestros? Porque habéis sido comprados por precio; glorificad, pues, a Dios en vuestro cuerpo y en vuestro espíritu, los cuales son de Dios.**
>
> **1 Corintios 6.18-20**

La mejor razón de todas para decir no al mal uso del sexo es por amor y respeto a Dios. Él nunca nos miente.

Trabaja sin cesar para darnos protección, y siempre está listo para perdonarnos cuando caemos. Le debemos a Dios la honra de mantener la pureza sexual. Si esperas hasta el matrimonio para tener sexo, Dios te bendecirá con más amor, más confianza, más excitación y más placer que lo que puedas imaginar.

15

Fíjate normas sexuales

*Uno sabe que desarrolla
el tipo de relación de amor
que Dios quiere cuando...
mi pareja y yo decidamos,
con la dirección divina,
cuál será la medida
del contacto sexual
que dejaremos que exista
entre nosotros.*

A TRAVÉS DE ESTE LIBRO HEMOS ANALIZADO CÓMO EL MUNDO ESTÁ LLENO DE CONFUSIÓN respecto al amor y al sexo. Hemos visto cómo Satanás nos miente en lo que se refiere a nuestra sexualidad. Y hemos visto lo increíblemente engañoso que puede llegar a ser.

Por ejemplo, Satanás trabaja horas extra para hacernos pensar a cada momento en el sexo, pero difícilmente pensamos en la jovencita de quince años que da a luz sola porque su novio la dejó tiempo atrás. Casi nunca oímos acerca de las parejas que pensaban que se amaban, pero lo que en realidad contrajeron fue una enfermedad de trasmisión sexual.

Es un hecho cierto que Satanás no quiere que veamos el lado amargo que tiene el mal uso del sexo. Sus engaños son muy sutiles y nos miente con facilidad.

Dios aborrece esos engaños. Su deseo es que tengamos la sabiduría necesaria para evitarlos. Y en ninguna parte tú necesitas más de la sabiduría de Dios que en manejar el sexo en tus relaciones amorosas.

Hemos visto cómo Dios está en contra del sexo prematrimonial o el fuerte juego amoroso en esa etapa. (Lee de nuevo 1 Tesalonicenses 4.3-6.) Pero hay una pregunta a la que aún no nos hemos referido: ¿Cuál debe ser la medida del contacto sexual en las relaciones de pareja?

Lo que realmente importa

Hay algo que debes entender antes de empezar a estudiar este asunto. La Biblia no nos da una lista de reglas o instrucciones específicas que nos digan cuánto debemos avanzar. No declara que lo máximo que uno puede hacer es tomar las manos o abrazar o besar. Sin embargo, Dios da instrucciones claras y principios poderosos que quiere que apliques en tu vida. Lamentablemente, muchos jóvenes deciden pasarlos por alto.

Hace poco hablé con una joven que me contó que ella depende de las emociones, de cómo se siente, para determinar cuán lejos ha de ir en sus citas. En otras palabras, si las sensaciones son buenas, va a hacerlo todo. ¡CUIDADO! Nunca dejes que tus emociones decidan por ti. Ya hemos hablado de esto en varios capítulos de este libro. Tus normas deben ser más importantes que cómo te sientes o cuán a gusto estás.

Los sentimientos son como el estado del tiempo, pueden cambiar en un momento.

Traté de explicarle esto lo mejor posible a esa joven. Le dije que lo que importa no es cómo se siente, sino lo que dice la Palabra de Dios. Le dije que si en verdad deseamos andar con Dios, la meta en nuestra vida debe ser obedecerle. Y para hacerlo, debemos entender que las emociones nos pueden engañar, pero Dios siempre dice la verdad.

Oye lo que dice David acerca del consejo de Dios en Salmo 119.98-100:

Me has hecho más sabio que mis enemigos con tus mandamientos, porque siempre están conmigo. Más que todos mis enseñadores he entendido, porque tus testimonios son mi

meditación. Más que los viejos he entendido, porque he guardado tus mandamientos.

La Biblia es muy clara al decir que los mandamientos de Dios nos harán más sabios en dos aspectos. Nos hacen más sabios que nuestros enemigos (Satanás, que nos miente; el mundo, que nos anima a hacer lo que sentimos; y nosotros mismos, o sea, nuestro egoísmo natural que en sí mismo no sigue ninguna regla).

Los mandamientos de Dios nos hacen más sabios que nuestros maestros. Un maestro puede ser cualquier persona que nos aconseja, y el consejo puede ser bueno o malo. Siempre se debe comparar el consejo con lo que la Biblia dice al respecto.

A continuación, se encuentra la historia de una pareja que aceptó el plan de Dios para ganar mayor sabiduría. Una noche, durante mi programa de radio, recibí una llamada de un hombre que iba a casarse. Me dijo que él y su prometida habían discutido el tema del sexo desde el principio de su relación.

Antes de que algo llegara a suceder, mi novia y yo decidimos sentar las bases con calma y seriedad. Fijamos normas de acuerdo con lo que creíamos que eran las reglas morales correctas, acordes a la Palabra de Dios.

Decidimos que podríamos tomarnos de la mano, besarnos y abrazarnos, pero si la tentación a besarnos más llegara a ser muy grande y nos impulsara a traspasar nuestros linderos morales, deberíamos tomar distancia en el contacto físico.

No es una decisión muy fácil, pero se puede tomar. Hemos tenido que trabajar duramente.

Considero que es importante entender que aunque esta pareja fijó normas en base a los mandamientos y principios divinos, aun así comprobaron que acatarlas era difícil.

144

Sobraban las oportunidades para caer. Se mantuvieron firmes en la decisión tomada, confiaron en las normas de Dios y como resultado tuvieron una relación pura y honrosa hasta el día del casamiento.

Comparemos esta historia con la conversación radial que tuve con una chica de quince años que, luego de citarse con un muchacho de dieciocho durante casi cinco meses, perdió la virginidad. Esto es lo que me dijo:

> Sólo quería tener cautela porque, ¿cuánto es mucho? Puede ser que el mismo momento en que tu enamorado te tenga a solas...

Durante la conversación admitió haberse confundido. Poco a poco, le permitió a su novio obligarla a tener sexo. Primero manoseó su mente y luego su cuerpo.

¡Adivinen! Nunca hablaron de normas. No le prestaron atención a los mandamientos de Dios. Y la pobre chica aprendió que pasar por alto a Dios puede ser doloroso.

Por eso es que hablar de cuánto se debe avanzar en lo físico en las relaciones amorosas es sumamente importante. Los dos deben llegar a un acuerdo basado en los mandamientos de Dios.

Sin embargo, es importante que no enfoques esta discusión desde un punto de vista errado. No deberías hablar de cuánto se puede avanzar sin pecar. El tema es este: «Asegurémonos que el lado físico de nuestra relación honra a Dios y nos protege a los dos».

Principios para una relación sexualmente pura

Hasta aquí, en este capítulo, hemos visto cómo varias parejas o se han protegido o han destruido su pureza sexual. Ha llegado el momento de aprender los principios que te capacitarán para obedecer a Dios, proteger tus relaciones y mantenerte sexualmente puro.

1. El principio «sólo saldré con cristianos»

Hablamos de este principio en detalle en el capítulo 4, de modo que no necesitamos pasar mucho tiempo más analizándolo. Pero en esto quiero ser bien claro: Es casi imposible establecer normas sexuales puras con un inconverso. Como cristiano, tú esperas que en tus relaciones esté presente el punto de vista de Dios. Los inconversos no lo esperan. Violar este principio causa problemas desde el momento en que la relación comienza.

2. El principio «sólo saldré con cristianos que sean una buena influencia espiritual para mí»

Este principio se ha discutido en detalle en el capítulo 5, de modo que, de nuevo, no pasaremos mucho tiempo analizándolo. Vamos a ir a lo básico: Los cristianos que no viven lo que dicen que creen, viven como los inconversos. Casi no hay diferencia entre tener una relación amorosa con inconversos y con cristianos que no andan con Dios. Si no obedecen a Dios en otras áreas de sus vidas, probablemente no obedecerán los mandamientos de Dios acerca de la sexualidad.

3. El principio de autocontrol

Sin duda, la tentación de experimentar con el sexo puede ser increíblemente poderosa. Los impulsos sexuales son tan fuertes, que es difícil imaginar que alguien más haya experimentado alguna vez tanta tentación. Pero esos impulsos nos afectan a todos. La Biblia nos puede ofrecer fuerza e inspiración cuando nos dice que Jesús enfrentó una vez un período de tentación que fue más grande que lo que nadie ha tenido que enfrentar jamás. Y Él venció.

«Entonces Jesús fue llevado por el Espíritu al desierto, para ser tentado por el diablo. Y después de haber ayunado cuarenta días y cuarenta noches, tuvo hambre. Y vino a Él el tentador, y le dijo: Si eres Hijo de Dios, di que estas piedras se conviertan en pan» (Mateo 4.1-3).

Hay necesidades físicas más grandes que el sexo. Una de ellas es el hambre. Podemos vivir sin sexo, pero no podemos vivir sin alimento. Observa esto: Jesús no había comido durante cuarenta días y cuarenta noches. ¿Puedes imaginarte el hambre que tendría? Su deseo de comer era una necesidad física muchísimo más grande de lo que nosotros jamás hemos experimentado.

Entonces Satanás tentó a Jesús en el sentido de que usara su poder para convertir piedras en pan. Nuestra primera reacción quizás sea que era razonable que Cristo hiciera tal cosa. Después de todo, tenía hambre y sin duda el poder de crear comida. Pero Jesús respondió al desafío de Satanás diciéndole: **«Escrito está: No sólo de pan vivirá el hombre, sino de toda palabra que sale de la boca de Dios»** (Mateo 4.4).

El pasaje de la Escritura que Jesús citó está en Deuteronomio 8.3, en el Antiguo Testamento. Este versículo nos cuenta la historia de los hijos de Israel que vagaron por el desierto durante cuarenta años. Cada día, Dios les proveía con una comida especial (el maná) lo que les permitió sobrevivir. En su amor y poder, Dios les enseñaba a descansar en Él para satisfacer sus necesidades más básicas.

Cuando Satanás tentó a Jesús para que convirtiera las piedras en pan, en realidad lo desafiaba a obviar la promesa de Dios que Él satisfaría todas sus necesidades. Tentaba a Jesús para que satisficiera sus necesidades y se olvidara de Dios.

Jesús estaba desesperado por comida. Pero sabía que si tomaba el asunto en sus manos, desobedecería a Dios. También sabía que Dios le daría todo el autocontrol que necesitara. Al tanto de estas cosas, pudo decirle enérgicamente a Satanás que Dios había prometido proveerle de todo. Resistió la tentación de Satanás y así pudo recibir de Dios lo mejor.

En la misma forma en que Satanás tentó a Jesús, quiere que tú creas que puedes satisfacer tus necesidades en lugar de depender de Dios. Sabe que tu tentación egoísta por satisfacer tus propios deseos sexuales te va a causar severo daño. Y cuando tal cosa ocurre, Satanás vence. Dios quiere que dependas de Él ahora para el autocontrol que necesitas para evitar la tentación de Satanás. Y quiere que dependas de Él en el futuro hasta que puedas satisfacer a plenitud tu necesidad sexual dentro de un matrimonio puro.

Dios quiere que sepas que nosotros no somos como animales sin autocontrol. Quiere que sepamos que somos nuevas criaturas en Cristo que tenemos el poder, el autocontrol, para esperar que Él nos dé lo mejor de sí.

4. El principio del «toque egoísta»

En 1 Corintios, el apóstol Pablo escribió: **«En cuanto a las cosas de que me escribisteis, bueno le sería al hombre no tocar mujer»** (1 Corintios 7.1). En el contexto de este versículo, la palabra *tocar* es poderosa. Significa tocar a alguien de una manera que excite el deseo sexual y las necesidades emocionales. Si un joven toca a una muchacha de una forma que excite su pasión, lo ha hecho egoístamente y ha ido demasiado lejos.

5. El principio de que «el sexo controla la relación amorosa»

Otro versículo en 1 Corintios dice: «**Todas las cosas me son lícitas, mas no todas convienen; todas las cosas me son lícitas, mas yo no me dejaré dominar de ninguna**» (1 Corintios 6.12). El anhelo de Dios es que nada ni nadie, que no sea Él, controle o esclavice nuestras vidas. Si la parte física de una relación amorosa controla el tiempo de unión, se ha ido demasiado lejos. Pregúntate: Si a nuestra relación amorosa le quitamos toda actividad física, ¿quedaría lo suficiente como para mantener la relación?

6. El principio de que «el sexo controla mis pensamientos»

Dios no quiere que tu mente esté constantemente llena de pasión y sexo. Él nos dice en Colosenses 3.5: «**Haced morir, pues, lo terrenal en vosotros: fornicación, impureza, pasiones desordenadas, malos deseos y avaricia, que es idolatría**». Si lo que tú haces cuando sales en una cita amorosa te crea fantasías a ti y a tu pareja sobre actividad sexual impropia, has ido demasiado lejos.

7. El principio de «¿me lleva esto al engaño?»

Cualquier forma de actividad sexual puede llevar a tu pareja a creer que tú eres más serio y estás más comprometido de lo que realmente eres y estás. Efesios 4.25 dice: «**Por lo cual, desechando la mentira, hablad verdad cada uno con su prójimo; porque somos miembros los unos de los otros**». Si tu actividad física en una cita amorosa engaña a tu pareja respecto de cuánto realmente te interesa, no eres sincero y has ido demasiado lejos.

8. El principio «protege a tu futuro cónyuge»

Quizás no has salido todavía o posiblemente ni siquiera has llegado a conocer a tu futuro cónyuge. Es muy probable que este se encuentre saliendo ahora con otra persona. Piensa en esto: ¿Cuán lejos te gustaría que tu futuro cónyuge fuera en la relación que mantiene actualmente? ¿Cuán lejos crees que le gustaría a tu futuro cónyuge que fueras en tu actividad sexual en este momento?

9. El principio de «los buenos recuerdos»

Aquí tenemos algunas de las más sencillas, pero más poderosas, palabras que el apóstol Pablo escribiera jamás: **«Doy gracias a mi Dios siempre que me acuerdo de vosotros»** (Filipenses 1.3). ¿Puedes decir eso respecto a las personas con las que has salido en el pasado? ¿Pueden ellos decir lo mismo de ti? Si no vas demasiado lejos en tus relaciones amorosas, cuando esas relaciones terminen siempre podrás tener una clara conciencia, sabiendo que trataste a esas personas con sinceridad y respeto, según los mandamientos de Dios.

Sin duda, Dios tiene mucho que decir sobre el asunto de la pureza sexual. Él quiere ayudarnos a fijar normas que den buenos resultados. Pero para que tal cosa ocurra, tú tienes que fijar esas normas antes del primer beso de «hasta mañana».

16

Nunca es demasiado tarde para ser sexualmente puro

Uno sabe que desarrolla el tipo de relación de amor que Dios quiere cuando... me comprometa a obedecer sus mandamientos acerca del amor y del sexo, aunque haya fracasado en el pasado.

SÉ QUE ALGUNOS DE LOS QUE LEEN ESTE LIBRO YA HAN CAÍDO en lo que respecta al sexo. Ya han ido demasiado lejos y lo saben. A lo mejor, has pasado por alto otros capítulos anteriores para leer este. Es más, lo espero, pues tal vez te preguntes: «¿Hay algo en este libro que me sirva o ya es demasiado tarde?»

Esta es mi respuesta: *¡Nunca es demasiado tarde para ser sexualmente puro! Nunca es demasiado tarde para pedirle perdón a Dios. Y nunca es demasiado tarde para que te perdones a ti mismo.* La Biblia es clara al decir que Dios te ama, que quiere perdonarte y quiere que te perdones a ti mismo.

> **Ten piedad de mí, oh Dios, conforme a tu misericordia; conforme a la multitud de tus piedades borra mis rebeliones. Lávame más y más de mi maldad, y límpiame de mi pecado. Porque yo reconozco mis rebeliones, y mi pecado está siempre delante de mí. Contra ti, contra ti solo he pecado, y he hecho lo malo delante de tus ojos; para que seas reconocido justo en tu palabra, y tenido por puro en tu juicio[...] Purifícame con hisopo, y seré limpio; lávame, y seré más blanco que la nieve[...] Crea**

en mí, oh Dios, un corazón limpio, y renueva un espíritu recto dentro de mí[...] Porque no quieres sacrificio, que yo lo daría; no quieres holocausto. Los sacrificios de Dios son el espíritu quebrantado; al corazón contrito y humillado no despreciarás tú, oh Dios.

Salmo 51.1-4,7,10,16-17

¿Qué hace Dios cuando pecamos?

El Salmo 51 lo escribió el rey David. Fue su oración de confesión después de cometer algunos pecados terribles. Comenzó cuando tuvo relaciones sexuales con Betsabé, quien estaba casada con otro hombre. Pero no terminó ahí. Betsabé quedó embarazada. Luego David maquinó y coordinó la muerte del esposo para que nadie supiera que él, David, era en verdad el padre.

Cualquiera que sea el pecado sexual del que eres culpable, dudo mucho que sea tan horrible como el de David. Sin embargo, fue a Dios a pedirle perdón y Él le perdonó completamente.

La siguiente historia tal vez se acerque más a nuestra situación. Un domingo en la noche hablé con una joven llamada Marsha en el programa ¡DAWSON McALLISTER LIVE! Tiene diecinueve años, es soltera y ya tiene un bebé. Como puedes ver, no es una situación ideal. Pero los problemas de Marsha son aún más serios. Su embarazo tuvo complicaciones. Los médicos le dijeron que este iba a ser el único bebé que podría llegar a tener.

Marsha se sentía dolida y llena de culpa. Estaba segura de que este era el castigo de Dios por haber pasado por alto sus mandamientos acerca del sexo prematrimonial.

Necesitaba un nuevo entendimiento del amor y del perdón de Dios. En realidad, atravesaba circunstancias muy dolorosas. Pero eran las consecuencias terribles de su pecado y no el castigo de Dios. El que juega con fuego, se quema. Esto no es un castigo, es una consecuencia.

Dios no se sienta en su trono en el cielo a planear cómo castigarnos por nuestros pecados. Si ese hubiera sido su plan, nunca hubiera enviado a Jesucristo al mundo a morir por nuestros pecados. Jesús, siendo inocente, cargó sobre sí el castigo horrible de la tortura y la muerte para que nosotros, siendo culpables, llegáramos a tener libertad para vivir en paz con Dios por siempre.

Entonces, ¿qué hace Dios cuando pecamos? ¿Elimina las consecuencias? No, no lo hace. Pero llora con nosotros. Siente nuestro dolor. Y sobre todo, quiere que vayamos a Él para pedirle perdón.

Entonces, ¿qué pasa al pedirle perdón? Cuando dices: «Dios mío, perdóname», ¿qué hace Él? La Biblia dice así:

> **Porque perdonaré la maldad de ellos, y no me acordaré más de su pecado.**
>
> **Jeremías 31.34b**

En otras palabras, Dios no sólo nos perdona, sino que los olvida por completo. ¡Qué increíble!

Si has tenido alguna caída sexual (o te has complicado en alguna otra manera) y nunca le pediste a Dios que te perdonara, hazlo *ahora* mismo. Tal vez quieras usar los versículos del Salmo 51 y Jeremías 31 como tu oración personal a Dios. Recuerda, Dios está lleno de gracia y amor. Siempre está listo para ayudarnos cuando somos lo suficientemente humildes para pedir su ayuda.

¿Sabes qué ocurre luego de pedir perdón? Dios se torna misericordioso para con nosotros. El rey David cometió adulterio con Betsabé, después de lo cual mató al esposo. Sin embargo, en el Salmo 51.1 pudo orar así:

Ten piedad de mí, oh Dios, conforme a tu misericordia; conforme a la multitud de tus piedades borra mis rebeliones.

La palabra *misericordia* significa que Dios está dispuesto a ayudarnos a enfrentar las consecuencias de nuestro pecado. En efecto, comienza a sanarnos del dolor que traemos encima en el momento en que confesamos.

En el instante en que Marsha le pidió a Dios que la perdonara por haber tenido sexo prematrimonial, Él comenzó a sanar su corazón quebrantado y la ayudó a enfrentar las consecuencias naturales de su pecado. Dios se preocupó totalmente por ayudarla a aceptar su bebé y a lidiar con las complicaciones de su embarazo para poder seguir adelante con su vida. ¿Por qué? Porque la ama. ¡Y TE AMA A TI TAMBIÉN!

Perdónate

Existe otro aspecto con el que tal vez tengas que lidiar. Ya has hecho un compromiso de ser sexualmente puro de aquí en adelante. Le pediste a Dios que te perdonara y Él te perdonó. Pero todavía te sientes culpable, aunque sabes que con honestidad y sinceridad le confesaste tu pecado a Dios. ¿Por qué te sientes así?

Todo pecado, sobre todo el sexual, puede dejar una cicatriz muy grande en tus emociones. Puede resultar muy difícil perdonarte. Satanás lo sabe bien. Y sabe que cuanto más culpable te sientas, menos servirás como cristiano. Así que tratará constantemente de recordarte que has fallado a Dios y a ti mismo. Es más, Apocalipsis 12.10 llama a Satanás **«el acusador de nuestros hermanos»**.

Una vez que has confesado tu pecado a Dios, debes confiar en lo que dice la Biblia, que Dios te ha perdonado y se ha olvidado de tus pecados, ¡PARA SIEMPRE! Cuando decides sentirte culpable, lo que en realidad le dices a Dios es que tu opinión es más importante que la suya.

Así es que si ya has confesado, pero todavía sientes el peso de la culpa, vuelve a leer la verdad expuesta en Jeremías 31.34:

> **Porque perdonaré la maldad de ellos, y no me acordaré más de su pecado.**

No caigas en la trampa satánica de confiar tan solo en lo que sientes. Al contrario, pon tu fe en lo que dice Dios en la Biblia. Dios nunca mintió y nunca mentirá. Quiere que sepas que para Él eres virgen de nuevo. En verdad. En sus ojos sanadores eres una persona virgen, pura y santa, totalmente amada. Y tienes un gran futuro por delante, porque Dios mismo lo tiene planeado.

17

Amor por el que vale la pena esperar

*Uno sabe que desarrolla
el tipo de relación de amor
que Dios quiere cuando...
esté dispuesto a esperar
a que Él me envíe
una pareja cristiana.*

«Ajá, Dawson, ¿qué tiene que ver este libro conmigo? No tengo una pareja con quien salir. No tengo a nadie. Y como van las cosas, no estoy seguro si alguna vez la tendré».

Tengo la certeza de que muchos se sienten así ahora. Es más, estoy convencido de que prácticamente todos los jóvenes se han sentido así en alguna ocasión. Por supuesto, sé que eso no te da ánimo respecto a tu situación actual. Y te entiendo. Todos deseamos sentirnos amados.

Espero que entiendas que Dios también lo sabe. Después de todo, Él te hizo así. Dios creó tu necesidad de amor. Así que no te desalientes aún. A Dios le interesa ayudarte a satisfacer tú necesidad de ser amado.

A continuación se encuentra parte de una carta de una joven que lucha con la soledad porque no tiene una persona especial que la ame:

Esta es mi historia: Por algún tiempo había orado por un novio, no necesariamente por una relación romántica,

sino por alguien que fuera mi amigo y me ayudara a vencer la soledad.

Cada vez que en alguna parte veía a una pareja joven, feliz, no me daba celos, pero me hacía sentir sola en mi interior. En verdad, me sentía contenta porque sé lo que se siente cuando uno no tiene alguien al que acudir.

No estoy en lo más mínimo enojada con Dios por no enviarme a alguien. Pero todavía espero que me envíe al muchacho que quiere que tenga.

Aquí hay una chica que trata de ver su vida desde el punto de vista de Dios. Sí, se siente sola, pero todavía confía en Él para satisfacer sus necesidades de amistad.

¿Por qué no tengo un enamorado?

Déjame animarte a que pongas tu confianza en el plan de Dios para tu vida. Él sabe exactamente lo que necesitas y lo que no necesitas. Observemos varias razones que podrían explicar por qué este no sería el mejor momento de tu vida para tener un enamorado.

Primera razón: Dios quiere que aprendas a depender más de Él.

A veces los estudiantes creen que si al menos encontraran al joven «preciso» se solucionarían todos los problemas. Entonces serías totalmente feliz, ¿verdad? Conozco algunos adultos que son mayores que yo que aún creen que eso es cierto. Permíteme decirte por qué no es así. Dios nunca pretendió que dependiéramos de una relación con otra persona para satisfacer las necesidades que sólo una relación con Jesucristo puede llenar.

¿Sabes cuál es una de las razones principales del número tan alto de divorcios? Es porque las parejas creen que una vez que se casan, van a poder satisfacer todas las necesidades uno del otro. ¡QUÉ ERROR!

En realidad, es más que un error; es un engaño que Satanás difunde para hacernos depender de Dios de manera errada. Y, lamentablemente, ha dado resultados. Nos ha dejado promesas incumplidas, hogares rotos y familias destruidas.

Dios quiere protegernos de esa mentira. Quiere que mantengamos nuestras promesas de amor y desea que edifiquemos nuestros hogares y valoremos nuestras familias. Pero quiere que entendamos que, no obstante el amor que algún día lleguemos a sentir por una persona, sólo Él puede satisfacer nuestras necesidades más profundas de amor y aceptación.

El Salmo 37.4 nos dice:

> **Deléitate asimismo en Jehová, y Él te concederá las peticiones de tu corazón.**

Óyeme, el juego de las citas puede estar sobrevalorado, pero nunca puedes llegar a escaparte del amor de Dios. Dile que confías en Él. No te defraudará.

Segunda razón: Dios quiere que lo llegues a conocer aún más.

En Mateo 6.33, Jesús le habló a una gran multitud. Esto fue lo que dijo:

> **Mas buscad primeramente el reino de Dios y su justicia, y todas estas cosas os serán añadidas.**

Fíjate que no dijo: «Sobre todo, debes desear una buena vida de pareja», o «ser amado». No, Dios quiere que lo lleguemos a conocer a Él más que antes. Que pasemos tiempo aprendiendo y haciendo lo que le agrada a Él. Cuando lo hacemos, Él promete que nos dará todo (no algunas cosas), sino *todo* lo que necesitamos.

Tercera razón: Dios quiere que aprendas a ser un verdadero siervo.

La mayor sorpresa en la mayoría de las relaciones amorosas es que necesitan mucho más de lo que dan. Dios quiere que aprendas a ser siervo antes de que llegue una relación importante. En verdad, la Biblia nos dice que el servicio a los demás es el secreto de la grandeza:

> **Mas entre vosotros no será así, sino que el que quiera hacerse grande entre vosotros será vuestro servidor, y el que quiera ser el primero entre vosotros será vuestro siervo, como el Hijo del Hombre no vino para ser servido, sino para servir, y para dar su vida en rescate por muchos.**

Dios quiere que cultives amistad con muchas personas, incluyendo las del sexo opuesto. Él no quiere que estas amistades se basen en el romanticismo. Quiere que se sustenten en el servicio. En vez de lamentar el hecho de que no sales con alguna persona especial por el momento, trata de ver a las personas con los ojos de Jesús. Para Él todos son especiales. Él quiere que tengas el placer de aprender a dar ahora. Convertirte en un siervo verdadero te preparará para ser una gran pareja.

Ahora lo sabes...

No importa cuánto tiempo demore, no cometas el error de pensar que Dios se ha olvidado de ti. Dios podrá parecer lento, ¡pero siempre es puntual! Es difícil ser paciente, pero es mucho más difícil deshacer una relación para la que no estabas preparado.

Dios no siempre nos da lo que queremos, pero en verdad nos gusta lo que nos da. Él quiere amarnos con amor perfecto. Y te garantizo que cuando sepas que estás realmente enamorado, será un amor digno de esperar.